Heinrich Mayr

Entstehung und Verteilung der Secretionsorgane der Fichte und Lärche

Heinrich Mayr

Entstehung und Verteilung der Secretionsorgane der Fichte und Lärche

ISBN/EAN: 9783743641266

Hergestellt in Europa, USA, Kanada, Australien, Japan

Cover: Foto ©berggeist007 / pixelio.de

Weitere Bücher finden Sie auf **www.hansebooks.com**

Separat-Abdruck aus „Botan. Centralbl." Bd. XX. 1884.

Entstehung und Vertheilung der Secretions-Organe der Fichte und Lärche.

Eine vergleichend-anatomische Studie.

Von

Dr. phil. et oec. publ. **Heinrich Mayr.**

(Hierzu 3 lithographirte Tafeln.)

Vor einiger Zeit proponirte mir Herr Prof. Dr. Hartig als ein dankbares Arbeitsthema die Untersuchung der einheimischen Nadelhölzer in Bezug auf die Vertheilung des Harzes in ihrem Holzkörper, welches Thema mich noch heute beschäftigt. Dieses setzte jedoch die Kenntniss der Entstehung und Vertheilung der harzproducirenden Organe selbst voraus, und während ich, in Anbetracht der vielfach widersprechenden Angaben in der Litteratur, eine selbstständige Lösung dieser Vorfrage versuchte, wuchs allmählich das Material, schon bei Untersuchung der Fichte und Lärche allein, so sehr heran, dass dieses nun den Haupttheil der ganzen Arbeit bildet; es erscheint mir darum gerechtfertigt, da die gefundenen Thatsachen vielleicht einiges botanische Interesse besitzen dürften, an eine gesonderte Veröffentlichung derselben zu treten.

Dem allgemeinen Sprachgebrauche folgend, bezeichne ich das von den Coniferen gebildete und in Zellen, Lücken und Gängen derselben angehäufte Secret als Harz.

Ueber die Zusammensetzung desselben ist nur wenig bekannt; dass es ein Gemenge von flüchtigen und festen Kohlenwasserstoffverbindungen ist, dass die verschiedenen Coniferen verschiedenartige Harze bilden, ist eine alte Thatsache; allein welcher Art die Verschiedenheiten sind, welche chemischen Vorgänge innerhalb der Pflanzenzelle bei der Bereitung des Harzes sich abspielen, davon wissen wir fast gar nichts, und ich bin auch heute noch nicht in der Lage, auf Grund meiner bisherigen Beobachtungen ein Geringes zur Lösung dieser mehr chemischen als botanischen Frage beizutragen.

Die Kenntniss des Harzes und sein Gebrauch sind sehr alt; schon Theophrastus*), ein Schüler des Aristoteles, erwähnte

---

*) Θεοφράστου τοῦ Ἐρεσίου Ἅπαντα. Edit. Heinsii. 1613.

370 v. Chr. des Harzes als humor plantae, des Lebenssaftes der Bäume, der bei Verwundung der Nadelhölzer ausfliesse und zu Harz erstarre. Nach der Ansicht des Aristoteles war daher dieser Lebenssaft gleichmässig im Baume vertheilt, und zwei Jahrtausende hindurch beschränkte sich das ganze Wissen über das Harz, seine Vertheilung und Function in der Pflanze auf die aristotelischen Angaben. Auch jetzt noch ist diese Irrlehre ganz allgemein unter den Laien verbreitet; allein die Wissenschaft ist hierin bereits viel weiter.

Schon Marcello Malpighi*) sagt, dass der Terpentin im Baume aus schlechten und ausgestossenen Säften in eigenen Gefässen gekocht würde und nicht nur die Rinde, sondern auch das Holz und die übrigen Theile der Pflanze durchtränke.

Fast gleichzeitig fand Nehemiah Grew**), dass das Harz sich in der Rinde der Nadelhölzer in eigenen Gefässen, gum-vessels oder resiniferous, bewege; auf diese im Kreise gestellten Gefässe folge nach Innen in der Rinde ein weiterer Kreis von Gefässen, die er als lymphaeducts, jetzt Siebröhren genannt, bezeichnete. Während Du Hamel du Monceau***), der die ersten ausführlichen Angaben über die Gewinnung des Harzes brachte, dieses noch in eigenen Gefässen — vasa propria — circuliren liess, sprach sich Kieser†) bereits dahin aus, dass diese „eigenen Gefässe" Intercellulargänge seien, die durch den Druck der sich berührenden Zellen entstünden, wodurch das die Zellen umgebende Harz nach den Berührungs-Kanten der Zellen gedrückt würde; auf diese Weise würde das Verwachsen der Zellen an den Kanten verhindert und ein prismatischer Raum zwischen den Zellen geschaffen. War schon diese Deutung eine irrige, so ging Kieser überdies wieder zu weit, indem er alle Gefässe, auch die der Laubhölzer, für Intercellulargänge erklärte. Kieser's Angaben riefen eine lebhafte Controverse insbesondere unter den französischen Naturforschern hervor. Mirbel und Moldenhawer glaubten mit Bestimmtheit eine feine Haut gesehen zu haben, welche noch die Innenseite der Harzgänge auskleide. Erst J. F. Meyen††), der Begründer der Pflanzenanatomie, bringt eine grosse Menge brauchbarer Angaben über die Vertheilung der Harzgänge; für ihn war aber die Harzgang- und Harzbildung im Holzkörper ein Krankheitszustand des Baumes, weil er nie die den Canal begrenzenden Zellen deutlich sehen konnte.

Unter den nun folgenden Autoren, die dem vorwürfigen Gegenstande eingehende Aufmerksamkeit zuwandten, seien vor allem H. von Mohl, Schacht, Dippel, Sanio und N. J. C. Müller genannt, deren an geeigneten Örten Erwähnung geschehen soll.

---

*) Malpighi, Opera omnia 1686.
**) Grew, The Anatomy of Plants 1682.
***) Du Hamel du Monceau, Naturgeschichte der Bäume. 1764.
†) Kieser, Grundzüge der Anatomie der Pflanze. 1815.
††) Meyen, Phytotomie. 1830; derselbe, Ueber die Secretionsorgane der Pflanzen. Gekr. Preisschrift. 1837; derselbe, Neues System der Pflanzenphysiologie. 1838.

Als ein durch die folgenden Betrachtungen bestätigtes Gesetz darf ich vorausschicken, dass Entstehung, Bau, Form und Verlauf der Secretionsbehälter in den Coniferen abhängig sind von der Natur des Gewebes, in dem dieselben gebildet werden sollen. Demnach können wir in logischer Weise trennen: jene Secretbehälter, welche in einem nach geschehener Differenzirung noch weiter sich verändernden, also für mehrere Vegetationsperioden den merismatischen Charakter beibehaltendem Gewebe (Rinde mit Bast) sich finden, von jenen, die von einem Gewebe gebildet und umschlossen werden, das schon mit dem Abschlusse des ersten Jahres in den Dauerzustand übergeht (Holz, Blüte); zwischen beiden Gewebs-Formen steht das Parenchym der Nadel, das, obwohl es während der ganzen, mehrjährigen Lebensdauer der Nadel (bei der Fichte) seine merismatische Natur beibehält, sich dennoch im Laufe der Zeit nicht mehr verändert.

Nach der Art der Entstehung der Secretbehälter trennt De Bary*), dessen Anatomie den heutigen Standpunkt in der vorliegenden Frage präcisirt, alle Intercellularräume in schizogene, wenn sie durch Trennung bleibender Gewebeelemente entstanden sind, in lysigene, wenn sie durch Auflösung von Zellen oder Zellgruppen, die wieder von bleibenden Zellen umgeben sind, gebildet wurden, und in rhexigene, wenn sie einer mechanischen Zerreissung der Gewebe ihren Ursprung verdanken.

Frank**) theilt nach dem Zeitpunkte, in dem die Bildung der Intercellularräume eingeleitet wird, dieselben in protogene, wenn sie bei der ersten Gewebedifferenzirung, in hysterogene, wenn sie in einem fertigen Gewebe entstehen, eine Theilung, die sich wohl in den meisten Fällen mit den Begriffen schizogen und lysigen deckt.

Nach dem Inhalte, den die Intercellularräume führen, theilt man dieselben in intercellulare Secretbehälter, in Lufträume und in wasserführende Räume.

Die Gänge und Lücken der hier zu vergleichenden Coniferen, die sich mit dem charakteristischen Secrete, mit Harz, füllen, sind, wie ich hier anticipando hervorheben will, ausnahmslos schizogene, protogene, intercellulare Secretbehälter. Die pathologische Harzbildung durch Pilzeinwirkung, wenn sie wirklich besteht, soll hier ausser Betracht bleiben.

Für eine streng kritisch vergleichende, anatomische Studie der Secretbehälter der Fichte und Lärche genügt jedoch keine der angegebenen Eintheilungen; wir müssen vielmehr in erster Linie die genaue Lage der secretbildenden Gewebetheile in der Pflanze in Rechnung ziehen und werden zu diesem Ende wohl am besten für den fertigen, einjährigen Trieb die sehr scharfe Trennung der Gewebsformen, wie sie in der natürlichen Entwicklung der Pflanze ihre Begründung findet, vollauf berücksichtigen und unterscheiden demnach folgende Gewebspartien:

---

*) De Bary, Vergleichende Anatomie der Vegetationsorgane der Phanerogamen und der Farne. 1877.
**) Frank, Beiträge zur Pflanzenphysiologie.

I. **Epidermis** mit den über ihre Oberfläche hervortretenden Bildungen, wie Haare etc.

II. **Hypodermoidale Schichten**, bei den einheimischen Coniferen mehrere, in der Verdickung von Aussen nach Innen abnehmende Zellschichten umfassend, welche durch Korkbildung (Schichte III) schon am Schlusse des ersten Vegetations-Jahres am ganzen Triebe mit Schichte I zum Absterben gebracht werden; Schichte I und II bilden die äussere, primäre Rinde.

III. **Die Korkschicht**, aus einer Reihe luftführender Korkzellen und einer Korkcambium-Zellschicht mit oder ohne Phelloderm bestehend.

IV. **Die innere, primäre Rinde**, welche den aus vorwiegend grün gefärbten Parenchymzellen zusammengesetzten Theil der Rinde von der Korkschicht bis zu den ersten Bildungen des Cambiums umfasst und bis zum Eintritt der local begrenzten, inneren Kork- resp. Borkebildung sich lebend erhält.

V. **Der Basttheil oder die secundäre Rinde**, welche durchaus ein Product der cambialen Thätigkeit ist und stets Bastparenchym und Siebröhren führt; von den hier und in der primären Rinde auftretenden Umwandlungen der Parenchymzellen in Gerbstoff- und Krystallschläuche, in Sklerenchymzellen etc. sei hier ganz abgesehen.

VI. **Das Cambium.**

VII. **Der Holztheil.**

VIII. **Die Markröhre.** (Vergl. Tafel I, Figur 2 und 3.)

Dieser ungezwungenen Gewebegliederung entsprechend, will ich nun versuchen, die Entstehung, Bau, Verlauf u. s. w. der harzbildenden Organe für die einzelnen Schichten der beiden Holzarten näher zu schildern; die Secretionsorgane der Nadeln, Knospendeckschuppen und der männlichen Blüte sollen am Schlusse der Abhandlung in den Kreis der Betrachtung gezogen werden.

Epidermiszellen, deren Aussenwandung cuticularisirt, bilden nie Harz; nicht cuticularisirte Epidermiszellen, wie sie an frischen Wunden die jugendlichen Ueberwallungswülste oder die sich entwickelnden Knospendecken an ihrer Innenseite überkleiden, können Harz bilden und ausscheiden und sollen später besprochen werden; der weissliche Ueberzug vieler Epidermiszellen wurde schon von Zuccarini 1843 als wachsartiger Körper erkannt.

Haare, aus Epidermiszellen hervorgegangen und aus einer Zellreihe bestehend, können in harzbildende Drüsen sich umwandeln oder zu steifen, spitzen Haaren werden. Letztere, wie sie an allen Fichten an den Knospendecken, sowie bei den Lärchen an den Basaltheilen der Zapfenschuppen auftreten, bilden ebenfalls nie Harz.

Von den untersuchten Fichten zeigte aber die Hälfte derselben auch an den Trieben Haare, oft so viele, dass man sie wollig nennen könnte. Die Mehrzahl dieser Haare waren aus 1 bis 10 übereinander stehenden Zellen aufgebaut, dickwandig, mit langer Spitze; an der Aussenseite liessen sich anhaftende, stark licht-

brechende Tropfen erkennen, die sich bei Bebandlung mit der von
N. J. C. Müller*) angegebenen Alcannatinctur blutroth, oder mit
einprocentiger Ueberosmiumsäure — ein viel empfindlicheres
Reagens als das Müller'sche — braungelb färbten und dadurch
sich als Harztropfen erwiesen. Dieses Harz ist aber kein Aus-
scheidungsproduct der Haarzellen selbst, sondern stammt von den
in grosser Menge zwischen den spitzen Haaren vertheilten Drüsen-
haaren her.

Diese Terpentin- oder Harzdrüsenhaare tragen am
oberen Ende eine dünnwandige, knopfig angeschwollene Zelle
mit grossem Zellkern; diese scheidet das Harz aus, das sich auf
der Oberfläche der oben etwas flach gedrückten Endzelle zwischen
der Zellwand und ihrem äussersten Häutchen, der Cuticula, an-
sammelt; durch allmähliche Vermehrung des Secrets wird dieses
zarte Häutchen emporgehoben und kugel- oder mützenförmig von
dem wasserklaren Secrete gespannt. Oftmals setzt sich die Loslösung der Cuticula auch über die darunterstehende Trägerzelle
fort, wie dies De Bary**) für Cystus creticus abbildet. Bei Behandlung mit absolutem Aether ist die Einwirkung auf das Secret
eine so energische, dass die Cuticula kappenförmig losgerissen
wird und ein ringförmiges Stück davon an der Kopfzelle zurück-
bleibt. Die Function dieser Harzdrüsenhaare ist nur eine sehr
kurze. An der Basis des sich entwickelnden Jahrestriebes wird
schon Ende Juni durch Ausbildung der Korkschichte Hypoderm
mit Epidermis und deren Bildungen zum Vertrocknen gebracht,
was sich auch dem freien Auge durch eine trübweisse Färbung
des Triebes bemerklich macht. Hierbei und vielleicht schon früher
durch Wind, Regen etc. platzen die zarten Bläschen, das Harz
bleibt in Tropfenform an den benachbarten Haaren hängen.

Zur Vermeidung zahlreicher Wiederholungen will ich nun die
Harzgänge der Schichte IV, der inneren primären Rinde
zuerst besprechen.

Es entstehen diese bei der Fichte nur im ersten Jahre
der Triebbildung und zwar, in einen Kreis gestellt, unmittelbar unter
der Vegetationsspitze, sodass sie mit dieser Schritt haltend sich
stets nach oben verlängern, und sobald diese ihr Wachsthum im
Herbste sistirt, ebenfalls in blinden Endigungen auslaufen. Die
Zahl dieser Hauptgänge ist schwankend und von der Stärke
des Triebes, von der Wachsthumsintensität der Pflanze abhängig.

An sehr kräftigen Trieben von 1 cm Durchmesser beträgt das
Maximum der an der Basis beobachteten Hauptgänge 26; schwächere
Triebe haben 21, 4 mm dicke Triebe 13, $^{1}/_{2}$ mm starke Triebe
noch 8 Canäle. Sie verlaufen innerhalb des Jahrestriebes, von
der Basis des Triebes bis zur Basis der Endknospe ohne Unter-
brechung; in der Mitte derselben bis zu 39 durch Seitenäste an-
wachsend, welche Zahl ebenfalls in der Reihe 8, 13, 21, 26, 34,

---

*) N. J. C. Müller in Pringsheim's Jahrb. f. wiss. Botanik. Bd. V.
(1866).
**) De Bary, l. c. p. 99.

39,.. liegt. Nach oben vereinigen sich die Seitenäste wieder mit den Hauptgängen. Diese verlaufen etwas von links unten, nach rechts oben aufsteigend, häufig durch Anastomosen unter sich verbunden. 6 bis 10 Zellen von der secundären Rinde entfernt, stehen sie unmittelbar vor einem Gefässbündel, sodass zwischen zwei Canälen eine wirkliche oder eine durch Ausbuchtung des Markes angedeutete Markverbindung zu liegen kommt; da an solchen Markverbindungen das Doppelbündel für die Nadel — je ein Strang von den beiden die Markverbindung begrenzenden Strängen — entspringt, so liegen die Harzgänge in den Vertiefungen zweier benachbarter Nadelkissen.

Diese Harzgänge biegen in die Deckschuppen der Terminalknospe aus oder enden noch im Triebe mit blinden, sackförmigen Anschwellungen, oder wenden sich sogar gegen den Gefässtheil des Triebes, um dann wieder in blasigen Erweiterungen zu enden oder selbst in Verbindung mit hart am Basttheile der Gefässbündel entstandenen, kurzen Harzgängen in Verbindung zu treten; man könnte statt dieser Erklärung ebenso gut sagen, ein Canal könne unter der neuen Knospe nach Innen umbiegen und unmittelbar vor dem Basttheil noch eine kurze Strecke nach abwärts laufen.

Dieser Abschluss der Canäle unterhalb der neuen Knospe schliesst eine Communication mit den Canälen des nächstjährigen Triebes aus, und in der That entstehen bei Beginn der Entwicklung desselben die neuen Canäle hart über den Anschwellungen und Anastomosen der Canäle des vorigjährigen Triebes (Tfl. I Fig. 4). Die Querschnittsform dieser Rindenhauptgänge ist im einjährigen Triebe eine Ellipse, deren lange Achse im Radius, deren kurze in der Tangente des Triebes zu liegen kommt; sobald im zweiten Jahre zwischen Bast und Holz des Vorjahres sich neue Cambiumbildungen einschieben, ändert sich die Form der Canäle in eine im Querschnitt runde oder abermals elliptische; nun aber liegt die lange Achse in der Tangente, die kurze im Radius des Triebes; dabei sind die Dimensionen durchschnittlich dieselben wie im ersten Jahre, nämlich circa 0,5 mm zu 0,25 mm. Die Anastomosen der Canäle sind bereits auf ein Vielfaches der Canalweite ausgedehnt zu einem peripherisch unregelmässigen mit Harz ausgefüllten Raume.

In den Folgejahren wächst noch die kurze Achse bis circa 0,5 mm und behält diese alsdann Dimension für immer bei, die lange, in der Peripherie des Triebes gelegene Achse der Querschnittsfigur wächst alljährlich, doch selten übersteigt sie 4 mm.

Die Entstehung der Secretionsgänge in der Rinde der Fichte, sowie aller Abietineen ist nach der bisherigen Annahme in der Litteratur eine sehr einfache. Die Mutterzelle für den Canal zerfällt durch kreuzweise Theilung in 4 Zellen, die auseinander rücken und so den Intercellularraum bilden.

Ich war nie so glücklich, ein derartiges Bild unter das Mikroskop zu bekommen; Bilder, wie z. B. sie Dippel*) als „Entwick-

---

*) Dippel, l. c. p. 151. Fig. 67.

lungsstadion" für die Harzgänge darstellt, scheinen eine derartige Annahme zu bekräftigen; allein ich halte Dippel's Figur für ein fertiges Stadium, das möglicher Weise auch einer Täuschung hinsichtlich des Vorganges bei der ersten Zelltheilung Raum geben könnte. Vor allem ist die Entstehung der Harzgänge in der Rinde der Abietineen durchaus nicht immer die gleiche; so folgen die Harzgänge der Lärchenrinde nicht denselben Gesetzen, welche bei der Bildung der Harzgänge der Fichtenrinde eingehalten werden; letzteren Vorgang will ich zuerst schildern.

Ehe noch bei Beginn des Frühjahres die Knospe des Fichtentriebes äusserlich sichtbare Veränderungen erfährt, streckt sich unter den Deckschuppen bereits der Vegetationskegel; die im Winter angelegten Nadeln wachsen und ergrünen. In diesem Stadium finden wir an bestimmten Stellen kreisförmig angeordnet die Mutterzellen für den Canal, nicht bedeutend an Grösse, wohl aber durch den Inhalt vor den übrigen embryonalen Zellen ausgezeichnet; die mit grossem Zellkern und dicht gekörneltem Plasma versehenen Mutterzellen werden von Zellen mit kleinerem Zellkern und hellerem, glasigerem Plasma umschlossen.

Noch innerhalb der Knospe findet nun die erste Theilung dieser Mutterzelle durch eine Querwand statt (Tfl. I, Fig. 6), der rasch eine zweite auf ersterer senkrechten Theilwand folgt (Fig. 7). Die in den drei Tochterzellen entstehenden Theilwände stellen sich annähernd radial zur gemeinsamen Kante der Tochterzellen (Tfl. II, Fig. 8); während alle umliegenden Zellen mit Luft erfüllte Zwischenräume besitzen, fehlt den aus diesen Theilungen hervorgegangenen Kanten jeglicher Intercellularraum; die Canalgruppe hebt sich als eine hellere, durchsichtige Partie aus der dunkleren Umgebung ab.

Es müssen nun sehr bedeutende Veränderungen innerhalb des Plasma der zukünftigen Canalzellen vor sich gegangen sein, denn nun liegt der Zellkern in einem hellen lichtbrechenden Plasmakörper; jetzt erst beginnen die Zellen an ihren gemeinsamen inneren Kanten, die von sehr zarten Theilwänden gebildet sind, sich zu trennen, und die Ausbildung der Umgebung zeigt, dass die Trennung eine passive ist (Tfl. II, Fig. 9). Es liegen regelmässig Harzgänge zu beiden Seiten der in die Nadel ausbiegenden Gefässbündel; sobald die ersten Spiralgefässe, die Streckorgane für den pflanzlichen Organismus, sich differenziren, beginnen die Zellen der Canalgruppe auseinander zu treten und der werdende Intercellularraum füllt sich dabei mit Harz. Ich habe nie einen solchen auch noch so kleinen Intercellularraum ohne Harz gesehen und habe auch nie eine Spur von Harz in den Auskleidungszellen selbst finden können.

Von den Angaben Dippel's über diesen Punkt, deren ich schon früher gedachte, abgesehen, finde ich mich hier auch in Widerspruch mit N. J. C. Müller*), dessen Angaben allgemein in der Litteratur eingebürgert wurden. Müller sagt, dass vier Zellen, durch kreuzweise Theilung einer Zelle entstanden, auseinander weichen, sich dehnen, theilen und das benachbarte Ge-

*) N. J. C. Müller, l. c.

webe zusammendrücken. Müller führt ausserdem noch eine Reihe
von Dingen an, die alle „ausser Zweifel" stehen, die „bei genauer
Prüfung mit Leichtigkeit zu constatiren" seien. Ich habe auch
genau geprüft und bin jetzt ausser Zweifel, dass Müller's Angaben unrichtig sind.

Müller sagt, dass bei genauer Prüfung mit der Tinctions-
methode (Alcannatinctur) sich mit Leichtigkeit constatiren lasse,
dass die dem Meristem nahe gelegenen Zellen junger Coniferen-
zweige lange mit Harz und ätherischen Oelen erfüllt sind, ehe
noch im Gange eine Spur von Harz nachweisbar ist; erst mit der
Erweiterung des Gangraumes träten kleine Harztropfen in ihm
auf; ja es sind nach Müller sogar die Grenzzellen völlig mit
Harz erfüllt, ehe bemerkbare Spuren in den Canal diffundiren.
Auf all dies kann ich nur erwidern, dass ich derlei Irrbilder, wie
sie Müller zu obigen falschen Schlüssen verleiteten, auch in
Menge erhielt, stets aber, wenn der Schnitt so dünn war, dass
das mit dem Messer aus dem Canale gezogene Harz in den auf-
geschnittenen Epithel- und Nachbarzellen sich vertheilen konnte;
an dicken Schnitten wird man nichts von all' dem, was Müller
behauptet, auffinden können. Ich stimme völlig Sanio's*) Ansicht
bei, dass die Harzgänge mit ihrer ersten Entstehung vom Harze
erfüllt sind. Genau genommen sind alle Bilder, welche Harzgänge
im Splinte oder in der lebenden Rinde mit Harz in Tropfenform
darstellen, unrichtig; denn das Harz erfüllt stets den ganzen
Zwischenzellraum; erst durch Anschneiden des Canals wird das
Harz aus dem Canale gezogen und an seine Stelle tritt Luft oder
Wasser, in dem Harz in Tropfenform liegt.

Den oben geschilderten Vorgang der Entstehung eines Harzganges kann ich nicht als typisch bezeichnen; er ist nur ein sehr
häufiger; ebensowenig kann ich für alle Harzgänge und die Harzgänge aller Coniferen den gleichen Bildungs-Modus annehmen.

Einige Beispiele mögen das Gesagte bekräftigen; ich erwähnte
bereits, dass die Mutterzelle für den Canal durch zwei aufeinander
senkrecht stehende Wände in drei Tochterzellen getheilt wird; die
Theilung in drei Tochterzellen wird auch durch zwei parallele
Wände zu Stande gebracht (Fig. 10); theilt sich nun die mittlere
Zelle durch eine auf die beiden ersten Wände senkrechte Wand,
so haben wir vier Zellen, die sich aber in keiner gemeinsamen,
inneren Kante berühren (Fig. 11); es folgen nun regellos tangentiale
und radiale Theilungen (in Bezug auf den künftigen Canal gedacht),
wobei die letzteren die Zahl der Epithelzellen, die ersteren jene
der Nebenzellen vermehren.

Die kreuzweise Theilung sah ich nie; sie könnte durch
successive Theilung einer Zelle recht gut gebildet werden, wenn
z. B. in Figur 7 die Zelle a durch eine Radialwand in zwei Hälften
getheilt würde; da aber der Ausdruck „kreuzweise Theilung" das
Präjudiz in sich schliesst, als werde eine Mutterzelle auf einmal
in vier Tochterzellen zerlegt, was nicht richtig ist, so müsste diese

---

*) Sanio in Pringsheim's Jahrb. für wiss. Botanik. Bd. IX.

Bezeichnungsweise vermieden werden. Die Tendenz des ganzen
Vorganges ist eben, aus einer Mutterzelle durch successive Theilung
einen lückenlos aneinander schliessenden Zellkörper zu bilden, in
dessen Querschnitt durch die radiäre Lagerung der Tochterzellen
ein centraler Berührungspunkt angedeutet erscheint.

Harzgänge, die im fertigen Zustande ein grosses Lumen zeigen,
können auf zweierlei Weise dazu gekommen sein: einmal durch
intensive und fortgesetzte Theilung der einen Canal-Mutterzelle in
Folge der andauernden Spannung der Nachbarorgane, so bei der
Fichte und wahrscheinlich auch bei den übrigen Abietineen, aus-
genommen der Lärche; bei dieser findet die zweite Art der Bildung
der Harzgänge der Rinde statt. Die im Hypoderm liegenden
Gänge sind einzig das Resultat der im Radius des Triebes statt-
findenden Dehnung der hypodermoidalen Zellen; diese Dehnung
erreicht schon Mitte Juni an der Basis des Triebes ihren Abschluss;
auf diese Weise könnte aus einer Mutterzelle nur ein unbedeutender
Canal resultiren; hier betheiligen sich deshalb zahlreiche Zellen
an der Bildung, über die später einige Worte erlaubt sein
mögen.

Sobald an der sich streckenden Knospe die ersten, bereits im
Dunkeln ergrünten Nadeln ans Tageslicht treten, beginnen in den
die Canal-Zellgruppe umschliessenden Zellen sich winzige Stärkekörner anzusammeln, die mit dem Wachsthum des Triebes an
Grösse zunehmen, während sich die Wandungen der auf ihre
definitive Grösse herangewachsenen Zellen allmählich verdicken;
die Wandungen der Canalzellen selbst sind äusserst zart, jene der
von letzteren abstammenden Nebenzellen verhalten sich wie die
anstossenden Parenchymzellen.

Da Dippel seine Schnitte von „im völligen Längenwachsthum
begriffenen Endtrieben des Stammes" genommen hat, so sind seine
Bilder nicht wohl als „Entwicklungsstadien", sondern als Erweite-
rungsstadien zu bezeichnen, worin ein Harzgang der Rinde bis
zum Eintritt der Borkebildung, also 8—20 Jahre und darüber,
verweilt; denn auch für den Fall, dass Dippel einen Verbindungs-
oder Nebengang abbildet, was sehr wahrscheinlich ist, so erfolgt die
Ausbildung dieser Gänge zwar, wenn der Trieb im völligen Längenwachsthum begriffen ist, aber sobald in den benachbarten Zellen
Stärkemehl auftritt, ist das Lumen des Canals für das betreffende
Jahr schon so ziemlich fertig, und die ersten Theilungen der
Mutterzelle beginnen schon, wenn der Knospenkegel noch innerhalb der Deckschuppen auf einige Millimeter sich gestreckt hat.

In der Regel wird wohl von einer Mutterzelle die ganze
Harzcanalbildung ihren Anfang nehmen; allein da, wo ein Harzgang mit einem anderen in Verbindung tritt, werden alle zwischen
den beiden zukünftigen Canälen liegenden Embryonalzellen zu
Mutterzellen für den Verbindungscanal. Es kann daher jede
embryonale Zelle zur Mutterzelle für den Harzgang werden und
es ist deshalb nicht a priori ausgeschlossen, dass auch zwei, ja
drei nebeneinander liegende Zellen gleichzeitig zu Mutterzellen für
ein und denselben Canal werden können, wie überhaupt die Ausbildung

der Harzgänge von der Mutterzelle an nicht an bestimmte Gesetze geknüpft scheint; nur ihre Stellung ist sehr genau fixirt, und mancher Parallelismus in ihrem Verlaufe und dem der Gefässbündel ist eine auffallende und vielleicht in causalem Zusammenhange stehende Erscheinung. Bei unseren höchst mangelhaften Kenntnissen über die chemische Bildung und die physiologische Rolle des Harzes halte ich den Ausspruch Hanausek's*), dass Harzgänge und Gefässbündel hinsichtlich ihrer Entstehung in demselben Bildungsgesetze eingeschlossen seien, für verfrüht. Hanausek hat übrigens hinsichtlich der Entstehung der Harzgänge sehr zutreffende Beobachtungen in den ersten Blütenanlagen von Biota orientalis gemacht; eine chemische Umwandlung der Aussenlamelle anzunehmen, um die Herkunft des Harzes beim ersten Auftreten des Intercellularraumes zu erklären, erscheint mir unnöthig.

Mit der Streckung des Triebes und der Einschaltung von Holz- und Bastlagen zwischen primäre Rinde und Mark strecken sich die Auskleidungszellen parallel der Achse des Triebes und proportional der Wachsthumsintensität desselben, sodass die Epithelzellen des untersten Drittels des Triebes länger sind, als die des mittleren, und diese länger sind als jene des oberen Drittels.

Durch die Einschaltung von Holz und Bast in den folgenden Jahren muss von Seiten der umliegenden Gewebe ein Druck auf den Canal ausgeübt werden; der Canal schützt sich gegen eine Verengung seines Lumens, indem sich die Epithelzellen desselben durch Tangentialwände (in Bezug auf den Canal gedacht) mehrmals theilen, woraus ein mehrschichtiges Epithel hervorgeht; die innersten, dem Canal zugekehrten Zellen bleiben eigentliche Epithelzellen, deren Abkömmlinge dagegen sind Festigkeits- und Speicherungszellen für den Canal, und ihre Seitenflächen verdicken etwas unter Tüpfelbildung. Dabei treten, was zur Stütze des oben Gesagten dienen soll, die Festigungszellen zuerst auf den der Epidermis und dem Holze zugekehrten Wänden des Canals auf, welche am meisten unter der Wirkung der Druckkraft liegen, während die beiden radialen Seiten des Canales lange Zeit ihr einschichtiges Epithel beibehalten.

Diese Festigung des Canales schon im zweiten Jahre ist daran Schuld, dass der Canal der so gewaltigen Dilatation der Rinde durch das Dickenwachsthum des Baumes nur ganz geringe Folge leistet; wie gesagt, sind die oben angegebenen Durchmesserdimensionen schon Maximalwerthe.

Dennoch sehen wir einige Veränderungen in der Form der Epithelzellen, die ich kurz berühren will. Die Grösse der Epithelzellen schwankt je nach Individuen.

An dem einjährigen fertigen Triebe einer erwachsenen, sehr kräftigen Fichte war die Höhe der Epithelzellen parallel der Achse des Canales 33 bis 66 μ, die Breite 33 μ; an dem zweijährigen Triebe war die Mehrzahl der Epithelzellen-Innenflächen quadratisch,

---

*) Hanausek, Ueber die Harzgänge in den Zapfen-Schuppen einiger Coniferen. (16. Jahresber. d. Landes-Oberrealschule in Krems. 1879.)

mit 33 μ Seitenlänge, einzelne noch 66 μ hoch; bei einigen von diesen war die erste Anlage einer horizontalen Theilwand erkenntlich; an dem dreijährigen Triebe die Mehrzahl mit quadratischer, dem Canale zugekehrter Fläche von 33 μ Seitenlänge, einige 66 μ hoch, einige 66 μ breit; an dem sechsjährigen Triebe die Mehrzahl 16 bis 22 μ hoch, 33 bis 66 μ breit.

Für alle Folgejahre finden sich nur Zellen, deren Dimensionen zwischen den Grössenangaben des sechsten Jahres schwankten. Daraus glaube ich folgende Schlüsse ziehen zu dürfen:

Die tangentiale Zerrung der Epithelzellen bewirkt Spannungsverhältnisse in der Richtung ihrer Höhe, welche Veranlassung geben, dass die Zellen durch Theilwände rechtwinklig auf die Kraftrichtung dieser Spannung, also durch horizontale Wände in quadratische Zellen zerlegt werden; in den Folgejahren wird die Breite der Zellen auf die Höhendimension des ersten Jahres gedehnt, wobei meist eine weitere Verminderung der Höhe von 33 auf 16 bis 22 μ hervorgebracht wird.

Hieraus endlich geht hervor, dass, da sich später bei dem betreffenden Baumindividuum keine Zellen fanden, die auf eine grössere Breite als 66 μ ausgedehnt gewesen wären, dass eine Epithelzelle, wenn sie durch die tangentiale Dilatation der Gewebe über das doppelte ihres ursprünglichen Volumens als Meristem- oder Tochterzelle gedehnt wird, sich theilt.

Auf dem Querschnitte eines einjährigen Triebes werden jedoch noch eine Menge enger Harzgänge in der inneren, primären Rinde sichtbar, die von N. J. C. Müller*) als solche bezeichnet werden, die späteren Ursprungs als die Hauptrindengänge seien. Es entstehen jedoch diese kleineren Harzgänge zwar erst bei der Streckung des Triebes, sind aber anfangs August wohl überall fertig: im December findet gewiss keine Bildung mehr statt. Sie verlaufen auch durchaus nicht regellos, sondern folgen einem Gesetze, das sich aus folgender Betrachtung ergibt.

Bekanntlich sind die Nadeln an dem Fichtensprosse in einer aufsteigenden Spirale mit der Divergenz 8/21 angeordnet; es steht darum in gerader Linie über dem Ausgangsblatt 1. das 22. Blatt. Unmittelbar unter dem 1. Blatt eines Cyklus nun zweigt von dem etwas seitlich darunter liegenden Hauptgange, gegen die Oberfläche des Triebes gewendet, also auf der Aussenseite des Hauptcanales ein starker Seitencanal ab, der sich da, wo für das über dem ersten Blatt stehende nächste Blatt der Orthostiche, dem 22. in der genetischen Spirale, das Blattkissen äusserlich als schwache Leiste sich zu erheben beginnt, wo zugleich vom Gefässbündel des Triebes der in's 22. Blatt verlaufende Gefässstrang abgeht, in 2 Aeste theilt, die zuerst im Blattkissen etwas divergirend, später wieder convergirend, endlich durch die Insertionsstelle der Nadel in die Nadel selbst übertreten und sich mit den beiden Nadelgängen vereinigen; cfr. Tafel I, Fig. 1.

---

*) N. J. C. Müller, l. c.

Diese beiden Gänge könnten „Verbindungs-Gänge" heissen.

Ungefähr da, wo im Cyklus zur rechten Seite der Orthostiche das 9. Blatt der Spirale steht, zweigt von dem linken der beiden Verbindungsgänge nach rechts und etwas gegen die Oberfläche des Triebes zugekehrt ein weiterer Gang ab, in der beigegebenen Figur blau gezeichnet, der sich auf der Höhe von Blatt 14 abermals gabelt; beide entstandenen Canäle enden unterhalb der Insertionsstelle der Nadel im Nadelkissen blind.

Endlich entspringen von den roth gezeichneten Verbindungsgängen auf der Höhe von Blatt 17 zwei weitere Canäle, die in gleicher Tangential-Ebene mit den Verbindungsgängen gelegen, unterhalb der Nadelinsertion blind endigen. Diese vier im Blattkissen verlaufenden Canäle könnten als „Nebengänge" von den übrigen unterschieden werden.

Dieser Verlauf ist der gesetzmässige; er variirt je nach der Stärke der Triebe; nur sehr kräftige Pflanzen zeigen wie beigegebene Figur 2, welche den Querschnitt a—b von Figur 1 darstellt, im Blattkissen sechs Harzcanäle, zwei nach Aussen, vier etwas tiefer liegend; die beiden mittleren und stärkeren sind die Verbindungsgänge. Wir sehen demnach das Harzcanalsystem der inneren primären Rinde der Fichte folgendermaassen aufgebaut:

1, Die Hauptrindengänge (grün) verlaufen im Jahrestriebe ununterbrochen von der Basis bis zur Spitze desselben und stehen mit den gleichen Organen des vorjährigen oder nachfolgenden Triebes in keiner Verbindung;

2, von diesen zweigen zwei in die Nadel verlaufende Verbindungsgänge (roth) ab, von welchen wiederum

3, vier Nebengänge (blau) entspringen, die im Blattkissen blind enden.

In vielen Blattkissen, insbesondere schwächerer Exemplare, kommen nur die beiden Verbindungsgänge mit einem oder keinem Nebengange zur Ausbildung; oft fehlt einer der Verbindungsgänge, oft sogar fehlen beide.

Auf diese Weise können an dem Querschnitte eines sehr kräftigen Jahrestriebes der Fichte in dem primären, inneren Rindentheile über 100 Harzcanäle gezählt werden, die alle gesetzmässige Stellungen einnehmen. In den Folgejahren wird aber durch das Dickenwachsthum die Deutlichkeit des Bildes zerstört, indem zahlreiche Neben- und Verbindungsgänge in den Kreis der Hauptrindencanäle gedrängt werden, welch' letztere aber stets noch durch ihr grösseres Lumen aus den übrigen hervortreten.

Wo eine Seitenknospe am Triebe entspringt, tritt ein Hauptrindengang oberhalb der Gefässbündelabzweigung auf der Unterseite der Knospe in diese über, sich in dem Rindentheil derselben mannichfach verästelnd, welche Seitenäste wieder in der Basis der Deckschuppen der Seitenknospe blind endigen. An Stelle des aus dem Kreise der Hauptrindencanäle getretenen Ganges entsteht oberhalb der Knospe nahe am Gefässtheile des Triebes ein neuer Canal, mit einer Gruppe englumiger Parenchymzellen beginnend.

Unter Erweiterung des Canalraumes rückt derselbe allmählich in den Kreis der Hauptrindengänge ein, wodurch ihre Zahl wieder auf die ursprünglich angelegte normale Zahl erhöht wird. Auf der Oberseite der Seitenknospe treten in diese nur Seitenäste der Hauptrindengänge ein.

Dieses soeben beschriebene System von Rindencanälen wird im Laufe der Jahre durch Borkebildung in seinem Verlaufe gestört; die Canäle selbst werden stetig an Zahl vermindert; nie aber kann später eine Verbindung zwischen den Canalsystemen zweier übereinander stehender Quirle eintreten.

An freistehenden Bäumen, die im schiefen Winkel nach oben strebende Aeste besitzen, wird die als feiner Querwulst der Rinde noch lange am Baume erkenntliche Jahresgrenze (Fig. 5 a) in der Entwicklung desselben allmählich zwischen den darunter stehenden Quirlästen bis zu 5 cm und mehr buchtenförmig scheinbar hinabgezogen. Auf den ersten Blick haben wir die überraschende Anomalie, wie die Skizze 5 auf Tafel I zeigt, dass die Jahresgrenze, welche Punkt a fixirt, unterhalb der Quirläste b liegt und die Harzgänge zwischen denselben, die von den Laien aus guten Gründen als Jahresgrenzen betrachtet werden, ununterbrochen herablaufen, somit scheinbar Communication zwischen den Canalsystemen zweier Triebe besteht. Die ganze Erscheinung erklärt sich jedoch als eine natürliche Folge des Einwachsens der in spitzem Winkel nach aufwärts gerichteten Quirläste; a und c (Markhöhle) sind die eigentlichen Jahresgrenzen.

Was den Inhalt der Canäle anbelangt, so ist das Secret ein dünnflüssiger Balsam; aber schon an dem vierjährigen Triebe einer hundertjährigen Fichte zeigten an dessen Basis nur 7 von den 21 Canälen dünnflüssigen Inhalt, der beim Durchschneiden des Triebes rasch ausfloss; 2 Canäle hatten glashelles, erhärtetes Harz, 4 waren ganz braun gefärbt, 8 hatten einen weisslichen Inhalt; in der Mitte des Triebes hatten von 13 Canälen 3 weisse Füllung.

Selbst an dem eben sich streckenden Triebe (9. Juli) erwiesen sich bereits einige der Canäle an der Basis des Triebes, wo die Canäle zuerst fertig werden, auf dem Querschnitt weisslich gefärbt. Bei der mikroskopischen Untersuchung ergab sich jene weisse Masse als ein von den Epithelzellen des Canales durch Auswachsen und Theilung derselben gegen das Canallumen zu gebildetes Füllgewebe, das den Canal ganz oder theilweise verschloss. Innerhalb dieses Füllgewebes entsteht sodann eine dem kreisförmigen Lumen des Canales parallel laufende Korkschicht, welche das Füllgewebe zum Vertrocknen, das Harz zum Erstarren bringt. Diese Füllmassen mit darauffolgender localer Korkbildung finden sich an der Basis des Triebes, oft bilden sie die blinden Endigungen der Canäle.

Diese erwähnten Eigenthümlichkeiten erinnern an Fig. 67, III in Dippel's*) Mikroskop Bd. II, p. 152, welche einen mit Paren-

*) Dippel, Das Mikroskop und seine Anwendung. Bd. II. (1872.)

chym fast ganz erfüllten Canal darstellt und als ein Entwicklungs-
stadium bei der Bildung der Harzgänge in der Rinde der Fichte
aufgefasst wird. Dippel erblickt darin einen Beweis für die
Erweiterung des Canales durch Auflösung von Epithelzellen, wenn
nämlich dieselben einen mehrschichtigen Zellencylinder darstellen
Ich halte diese Deutung für nicht stichhaltig; in beigegebener
Tafel I habe ich in Fig. 12 ein solches Füllgewebe in seiner ersten
Bildungsstufe gezeichnet. Die Figur spricht nicht dafür, dass die
Zellen in Auflösung, sondern vielmehr in vollem Wachsthume sich
befinden, dass der Canal nicht in der Bildung begriffen ist, sondern
allmählich verschlossen wird.

Dippel's Figur 67, II zeigt kein Harz im Canal, wohl aber
in den Epithelzellen selbst; ich fürchte, die so sehr zarten Schnitte
von Dippel haben hinsichtlich der Zellwandstructur die besten,
hinsichtlich der Inhaltskörper aber die schlechtesten Anhaltspunkte
geboten; ich halte die abgebildeten, mit Harztropfen versehenen
Epithelzellen für Kunstproducte, dadurch entstanden, dass durch
das schneidende Messer das Harz aus dem Canale in die an-
geschnittenen Epithelzellen gezogen wurde. Harz kommt in den
Epithelzellen der Rinde, soweit meine Erfahrungen reichen, nie
vor. In den zarten und dickwandigen Epithelzellen der Harzgänge
des Holzkörpers dagegen sind Harztropfen und Stärkemehl nachweisbar. Meine Untersuchungen über die Inhaltskörper der Epithelzellen sind noch nicht so weit abgeschlossen; ich gedenke aber
hierüber im Laufe des Jahres in einer eigenen Arbeit berichten
zu können.

Die Borkebildung, welche, sobald sie am Stamme auftritt, so
tief greift, dass durch sie die Harzcanäle getroffen werden, ist
Folge einer localisirten, inneren Korkbildung; über den Zeitpunkt,
in welchem die erste Borkebildung auftritt, entscheiden für Fichte
und Lärche und vielleicht für alle borkebildenden Bäume folgende
Factoren.

Die Kork- oder Borkebildung wird befördert durch raschen
Luftzug und Zutritt der Sonnenwärme, welche beiden Factoren
die Verdunstung der Rinde beschleunigen; darum sehen wir die
Korkbildung zuerst an der Südseite des Baumes, zuerst an
den Rand-Bäumen eines Waldes auftreten; darum sind die Borke-
platten auf der Südseite doppelt und mehr so gross als auf der
Nordseite. Wie Süd- und Nordseite, verhalten sich an den Aesten
Ober- und Unterseite; offenbar, weil die dem Boden zugekehrte
Unterseite weniger verdunstet, als die überdies von der Sonne
getroffene Oberseite. In extremen Fällen, wenn Bäume, die bisher
im Waldesschlusse standen, durch Freistellung plötzlich der Einwirkung der Sonnenwärme ausgesetzt werden, stirbt die Rinde auf
der getroffenen Seite ganz ab, offenbar weil sie nicht schnell genug
Borke zum Schutz gegen die übermässig gesteigerte Verdunstung
bilden kann. Auch durch Druck scheint ein pflanzliches Gewebe
wasserärmer zu werden; so befindet sich das zwischen den in die
Dicke wachsenden Quirlästen liegende Rindenstück eines Stammes
gewiss unter sehr hohem Drucke, und wir sehen in der That hier

zuerst am ganzen Stamm Borkebildung auftreten; Baum-Individuen, die sehr rasch in die Dicke und damit in die Höhe wachsen, zeigen früher Borkebildung als die gleich alten und gleich situirten aber schwächeren Individuen.

Nach all' dem Gesagten kann es nicht verwundern, warum die Angaben der Autoren, insbesondere Schacht's und v. Mohl's, bezüglich des Zeitpunktes, in dem die Harzgänge durch Borkebildung ausser Function gesetzt werden, so schwankend sind; es kann sich darum auch nur um beiläufige Zahlenangaben handeln, und ich werde zu diesem Ende einige extreme Fälle herausgreifen.

Bei einem am S-Waldesrande gewachsenen Baume begann die Borkebildung auf der Südseite mit dem siebenten, auf der Nordseite mit dem dreizehnten Jahre. An einer im Bestandesschlusse erwachsenen Fichte waren an dem 23 Jahre alten Stammquerschnitte auf der Südhälfte der Peripherie noch zwei Canäle, einer nach Osten und einer nach Westen gerichtet, thätig, während die Nordhälfte noch 15 thätige Harzgänge aufwies; an dem 42 Jahre alten Querschnitte waren auf der Südseite keiner, auf der Nordseite noch 11 Canäle lebend; erst der 60jährige Querschnitt des Stammes hatte keine primäre innere Rinde und damit auch keine Verticalgänge mehr. Völlig freistehende Bäume hatten bereits am 30jährigen Querschnitt alle Canäle mit der Borkebildung vom lebenden Rindengewebe abgetrennt. Bei stark unterdrückten Stämmchen, die z. B. bei 3 cm Radius schon 60 Jahresringe zeigen, tritt erst mit dem 40. Jahre die erste Borkebildung auf. Ein Seitenast von 44 Jahren, der nur 3,5 cm Durchmesser besass, hatte auf seiner Unterseite noch lebende Canäle, während die Oberseite alle durch Borkebildung verloren hatte.

Nehmen wir also eine 70jährige, im Waldesschlusse stehende Fichte, so stehen in der primären Rinde derselben, von der Spitze angefangen, circa 60, von einander völlig getrennte, unter einander liegende Harzcanalsysteme, deren jedes einen Abschnitt des Rindemantels durchzieht, deren Höhe gleich ist dem Höhenwachsthum des Baumes im Jahre der Bildung des Abschnittes; die Zahl der Canäle eines Systems steigt und fällt mit der Höhe des Rindenmantel-Abschnittes; etwa vom 13. Systeme an, von der Spitze aus gerechnet, nimmt die Zahl der Canäle, ceteris paribus, stetig ab, auf der Südseite rascher als auf der Nordseite; das 60. System bildet das letzte; von hier aus stammabwärts bis in die Wurzelspitzen fehlen alle Verticalgänge der Rinde.

An den Aesten wiederholt sich das Bild des Hauptstammes mit den schon oben angegebenen Eigenthümlichkeiten.

Das Auftreten der Schichte III, der Korkschichte, an dem einjährigen Triebe, welche Epidermis mit den hypodermoidalen Zellen (Schichte I und II) von der inneren primären Rinde (IV) trennt und zum Vertrocknen bringt, setzt an der Fichte jene Harzcanalstücke ausser Function, welche von der inneren, primären Rinde abzweigend, in die äussere, beziehungsweise durch die äussere primäre Rinde sich erstrecken.

So werden von der Korkbildung innerhalb des Nadelkissens getroffen die Verbindungsgänge, und zwar schon Mitte Juni, nach der Vegetation der bayerischen Hochebene gerechnet, beginnt die Korkschicht zuerst an der Basis des neuen Triebes und schreitet von da allmählich nach oben fort. Die Korkschicht bildet um den Spross einen Mantel parallel der äusseren Configuration des Triebes; wo ein Gefässbündel für die Nadel diesen Mantel innerhalb des Nadelkissens durchsetzt, umgibt die Korkschicht denselben mit den benachbarten Parenchymzellen in Form einer Scheide, deren oberes Ende sich an die sklerenchymatische Insertionsstelle der Nadel ansetzt.

Wie die Verbindungsgänge werden auch die blinden Endigungen der Nebengänge durch diese Korkbildung getroffen; dabei zeigt sich stets, dass schon, eho die Phellogenschicht auftritt, eine Veränderung in den Epithelzellen vor sich geht, indem dieselben zu einem thyllenartigen Füllgewebe auswachsen, das das Harz nach den thätig bleibenden Partien verdrängt; dadurch, dass diese ausgewachsenen Epithelzellen nach oben und unten im Canallumen sich ausbreiten, wird der Verschluss des Canales ein vollständiger. Dieses noch parenchymatische Gewebe bildet die Brücke für die Korkschicht, wo sie den Canal durchschneidet; auf gleiche Weise wird der übrige Theil des Canales, der im vertrocknenden Gewebe liegt, verschlossen; dieses letztere Füllgewebe verkorkt. Der gleiche Vorgang wiederholt sich bei der Borkebildung, die so tief in die primäre Rinde selbst, beziehungsweise secundäre Rinde eingreift, dass Hauptgänge ausser Function treten (Taf. II, Fig. 13).

Auch in diesem Falle schnürt das Canal-Epithel durch tangential zum Lumen gestellte Wände zahlreiche Zellen ab, die in Radialreihen geordnet gegen das Canal-Centrum vorrücken, sich endlich berühren und mit einander verwachsen.

Bei engen Canälen erfolgt keine Theilung der Epithelzellen, sondern dieselben erweitern sich einfach blasig; bei weiten, 2 mm und darüber im Querschnitt haltenden Gängen berühren sich die ausgewachsenen Zellen nicht, sondern lassen im Innern einen Hohlraum, der von einer harten Säule wasserklaren Harzes erfüllt ist; später geht dasselbe oftmals noch in den krystallinischen Zustand über und wird weisslich; oft durchtränkt es auch die vertrockneten Zellpartien.

Wird ein Hauptgang aa' von der Borkenbildung bb' quer durchschnitten, so bildet das erwähnte Füllgewebe die Brücke für die Korkschicht durch das Canallumen; das dem lebensthätig bleibenden Gangtheile (c) zugewendete Füllgewebe besteht aus runden und polyedrischen Parenchymzellen.

Oftmals wird durch diese Korkbildung ein Canal der Länge nach auf eine kurze Strecke halbirt; die lebend bleibende Hälfte des Canalfüllgewebes wird zum Speicherungsgewebe; in dieser Neubildung können sogar neue, englumige Harzgänge auftreten, also secundäre Gänge (d) innerhalb des alten Canales! Schon früher erwähnte ich, dass mitten im lebenden Rindengewebe braun gefärbte Harzgänge vorkommen. In diesem Falle ist eine Ver-

korkung innerhalb der ausgewachsenen Auskleidungszellen parallel
der Canal-Peripherie eingetreten, die sich an älteren Bäumen oft
mehrere Centimeter auf- und abwärts erstrecken kann. Dabei ist
die Grenze zwischen der ersten Korkzelle und der ersten lebend
bleibenden Zelle, welche zugleich die erste Nachbarzelle des ehemaligen Canales ist, keine unmittelbare, sondern zwischen beiden
Zellen ist eine Trennungsschicht von 1 bis 2 Zellen eingeschoben.
Diese hat braunen Inhalt und sehr reichlich quadratische Prismen
von oxalsaurem Kalk. Es würde also in diesem Falle die Rolle
der Krystallschlauchschicht die einer Grenzschicht sein, welche die
todten Gewebe von den lebenden trennt, oder besser, den allmäh-
lichen Uebergang von den vertrockneten zu den saftreichen Zellen
vermittelt.

Statt dieser Krystallschläuche kann dieselbe Rolle von einer
Schicht sklerosirter und verholzter Zellen übernommen werden;
selbst Gerbstoffschläuche, die ihren Inhalt zu einer braunen,
amorphen Masse oxydiren, können die angedeutete Function übernehmen.

Die zu einem theilweisen Füllgewebe ausgewachsenen Zellen
des innerhalb einer Borkenschuppe liegenden Harzganges zeigen
mannichfache Eigenthümlichkeiten. In der Regel verkorkt ihre
gegen den restirenden Canalraum zugekehrte Seite e, eine Art
Cuticulabildung gegen den nur theilweise mit festem Harz erfüllten
freien Raum des Canales. Statt Verkorkung kann auch Sklerosirung
der den Canalraum bekleidenden Zellen — die ersten von den
Epithelzellen abgekammerten Zellen — eintreten.

Diese unscheinbare Thatsache würde sich nicht der Erwähnung
lohnen, wenn sie nicht durch Andere, die aus ihr falsche Schlüsse
zogen, an's Tageslicht gebracht worden wäre; es scheint nämlich
Möller*) durch einen unglücklichen Zufall bei seiner Untersuchung der Baumrinden der Fichte ein derartiges Präparat unter
das Mikroskop gebracht zu haben. Er schloss daraus, dass die
„Markstrahlenharzgänge sich auf Kosten des dünnwandigen Bast-
gewebes ausbreiten, denn man findet in den Borkeschuppen aus-
gedehnte, mit dunkler Harzmasse erfüllte Räume, von Steinzellenplatten begrenzt". Diese „Ausdehnung auf Kosten" muss wohl
mit „Auflösung" verdeutscht werden. Da die Markstrahlenharzgänge des Bastes, wenn sie von Borkebildung getroffen werden,
sich ebenso verhalten wie die eben beschriebenen Rindengänge, so
werden Möller's Steinzellenplatten wohl aus der Sklerosirung
der den verbleibenden Canal begrenzenden Epithelzellenhälften
hervorgegangen sein, und damit dürfte die Annahme, dass eine
Auflösung von Zellwänden eingetreten sei, für diesen Fall wenigstens
ihre Stütze verlieren.

Wenn ein Canal sich theilweise mit Füllgewebe verschliesst
und durch Korkbildung vertrocknet, so treten eine Reihe von
Stoffen aus dem nach dem lebend bleibenden Gewebe zurück-
wandernden Plasma in den Canal aus. So finden wir Gummi,

---

*) J. Möller, Anatomie der Baumrinden. 1882.

dem durch das Trockenwerden der Gewebe das nöthige Wasser zur Hydratisirung in Glykose fehlt; so sehen wir Coniferin, dem vielleicht die geeigneten Basen, um zu Terpentin reducirt zu werden, mit dem Plasma verloren gehen. Es bleiben diese Stoffe im Canallumen an den Zellen als Tropfen und Klumpen von gelber Farbe mit stark lichtbrechenden Pünktchen zurück (c); dazwischen liegen grosse Massen amorphen, farblosen Harzes.

Der Nachweis auf Gummi geschah folgendermaassen: Die Schnitte wurden in Wasser erwärmt, das Decoct mit Salzsäure versetzt; bei Behandlung mit Fehlingslösung ergab sich eine starke Ausscheidung von braunrothem Kupfer, welches die reichliche Anwesenheit von Zucker nachwies, der durch die Salzsäure aus dem Gummi gebildet worden war.

Das Coniferin zeigte alle für reines Coniferin charakteristischen Reactionen; es färbte sich die amorphe Masse mit Phenol-Salzsäure blau-violett, mit Phloroglucin roth, mit Schwefelsäure violett. Diese amorphen Klümpchen waren in Alkohol und Aether unlöslich, vermuthlich weil das Coniferin in reichlichem Gummi eingebettet war.

Analog diesen eben beschriebenen Hauptrindengängen der Fichte sind bei der Lärche nur die Harzgänge der Lärchen-Kurztriebe.

Es liegen diese ebenfalls in der inneren primären Rinde, in Schichte IV.

Bezüglich ihrer Entstehung gilt dasselbe, was ich schon für die Fichte angegeben habe.

Die Epithelzellen dieser Harzgänge oder besser Harzlücken in den Kurztrieben der Lärche bilden im zweiten oder dritten Jahre durch tangential zum Canallumen gestellte Theilwände ein dreischichtiges Epithel, von dem die innerste, gegen den Canal zu liegende Schicht Secretionsgewebe, die andere Speicherungsgewebe für Stärkemehl wird; eine weitere Veränderung, von einer sehr geringen tangentialen Dehnung abgesehen, tritt während der 10- und mehrjährigen Dauer der Kurztriebe der Lärche nicht ein.

Schon im ersten Jahre kann eine unbestimmte Zahl der 8 oder 13 Harzcanäle der Kurztriebe durch Korkbildung (Schichte III) getroffen werden, indem da, wo eine Harzlücke liegt, die Korkbildung auch noch in Schichte IV halbkugelig hinübergreifen kann, sodass Schichte I und II mit einem oder mehreren der darunter liegenden Harzgänge vertrocknet. Dabei wachsen die Epithelzellen der Lücke wie bei der Fichte zu einem theilweise das Lumen ganz erfüllenden, thyllenartigen Gewebe aus. Oft schon werden im ersten Jahre die Epithelzellen einzelner Lücken zu Korkinitialzellen, die alljährlich geschichteten Kork gegen das Lumen der Lücke abschnüren; eine spätere Ausschneidung dieser Harzlücken findet nicht statt, da an den Lärchenkurztrieben nur geschichtetes Periderm, aber nie Borke auftritt.

Bei allen Coniferen erblicken wir ein Form und Ausdehnung der Harzräume und ihrer Auskleidungszellen beherrschendes Gesetz, das lautet, dass Form und Ausdehnung der Harzräume und deren Auskleidungszellen von der Natur des Gewebes abhängen, in dem

sie sich bilden; überwiegt bei der ersten Differenzirung in einem
Gewebe die Längsstreckung, wie bei den Längstrieben, Nadeln
u. s. w., so sind die Canäle und Auskleidungszellen nach derselben
Richtung gestreckt; überwiegt die Querdehnung, wie secundäre
Rinde, Kurztriebe, so folgen Auskleidungszellen und Harzräume
in ihrer Erstreckung dieser Richtung.

Da die Kurztriebe einen nur 1 mm langen Trieb entwickeln
und ihr Dickenwachsthum ebenfalls sehr gering ist, so folgt, dass
die Form der Harzlücken elliptisch oder kugelig sein muss, dass
die Auskleidungszellen eine dem Canal zugekehrte mehr oder
weniger isodiametrisch - polygonale Fläche besitzen müssen. Sie
verändern ihre Form im Laufe der Jahre nur unmerklich; denn
der Holztheil eines 8jährigen Kurztriebes umfasst oft nur 24
Tracheiden im Radius.

Die nur 0,5 mm Durchmesser haltenden Harzlücken stehen
auf einer Querschnitts-Ebene kreisförmig angeordnet, in der Zahl
8 oder 13, je nach der Wachsthumsintensität des betreffenden
Baum-Individuums. Oftmals fliessen zwei benachbarte Lücken zusammen, da die Trennungsschicht zwischen zwei benachbarten
Harzlücken oft nur aus einer oder zwei Parenchymzellen besteht;
an der vorhandenen Einschnürung in der Mitte einer solchen
grossen Lücke erkennt man, dass sie aus der Vereinigung zweier
hervorgegangen ist. Oberhalb der Harzlückenzone biegt am Kurztriebe eine grosse Schaar von Gefässsträngen in die Nadeln aus.
Die Harzlücken geben keine Seitenäste für die Nadeln der Kurztriebe ab; ebensowenig stehen sie auch mit den Harzlücken des
vorausgehenden oder nachfolgenden Jahrestriebes in Verbindung.
Es lässt sich daher das Alter des Kurztriebes, da die Jahresring-
zählung am Holztheile meist unmöglich ist, an einem Längsschnitte
an der Zahl der Markunterbrechungen oder der übereinander
stehenden Harzlücken ermitteln.

An dem einjährigen Kurztriebe finden sich nur zwei bis drei
Harzlücken und zwar zu beiden Seiten des Triebes, wo die Basis
desselben ausgewulstet ist; die Partien ober- und unterhalb an der
Kurztriebbasis befinden sich in Folge des beiderseitigen Dickenwachsthums von Mutter- und Tochterspross in einem zusammen-
gedrückten Zustande, der die Bildung von Harzlücken verhindert;
erst mit dem folgenden Jahre treten 8 oder 13 Harzlücken auf.

Die Lebensdauer dieser Harzlücken erlischt mit dem Leben
der Kurztriebe überhaupt; diese aber sterben ab, sobald ihre
Terminalknospe zur Blütebildung verwendet wird, was vom 2. bis
zum 10. Jahre der Fall sein kann; ältere Kurztriebe sah ich
nicht.

Von diesen Harzlücken abgesehen, besitzt die Lärche k e i n e
H a r z r ä u m e in der innern primären Rinde; die von H. von
M o h l*) angeführten Harzlücken der Lärche, die durch Desorgani-
sation von Zellgruppen in der parenchymatischen Aussenrinde

---

*) H. v. M o h l in Botan. Zeitg. 1859. p. 333.
De B a r y, l. c. p. 559.

entstehen sollen, sind schizogenen Ursprungs und müssen, wie ich später zeigen werde, der secundären Rinde, dem Basttheile, der Schichte V zugezählt werden. Ehe ich mich zu dieser wende, erübrigt noch, jene Harzgänge des einjährigen Lärchentriebes, die nur auf die Länge eines Internodiums sich erstrecken, hier kurz zu berühren.

Es liegen diese in Schichte II und können schon desbalb nicht als mit den Harzgängen der primären Rinde von Fichte, Tanne etc., welche in Schichte III liegen, gleichwerthig bezeichnet werden. Sie liegen meist zu zweien in jedem erhabenen Nadelkissen. Diese Harzgänge sind schon in der Knospe angedeutet, aber nur so weit, als auch die embryonalen Nadeln des Knospenkegels bereits Harzgänge erkennen lassen; beiderlei Gänge haben in den durchaus noch embryonalen Geweben kugelige Gestalt. Mit dem Beginne der Vegetation strecken sie sich, nie aber kommt es später zu einer Verbindung der Sprosscanäle mit denen der Nadeln.

Wenn man auf den Spross sieht, ist von den im Hypoderm des Sprosses gelegenen Gängen in der Regel der rechte Gang der längere, der Insertionsstelle der Nadel zugekehrt, und endet nach abwärts da, wo die nächst tiefer stehende Nadel inserirt ist; die Canäle erweitern sich im oberen Drittel ihres Verlaufes bis zu 0,3 mm im Querschnitt, verengen sich dann rasch, um, ehe sie die durch eine dünnwandige Schicht gekennzeichnete Insertionsstelle der Nadel erreichen, blind zu endigen.

Ihrer Lage entsprechend (Tafel I, Fig. 3) werden diese Harzgänge an dem sich entwickelnden Spross schon Mitte Juli ausser Function gesetzt, indem um diese Zeit an der Basis des Triebes eine Korkbildung (Schichte III) auftritt, welche die ausserhalb dieser liegenden Pflanzengewebe, Schichte I und II, mit ihren Harzgängen zum Absterben bringt.

Wie wir sehen, wird bei der Fichte durch diese Korkbildung nur das im Nadelkissen liegende Stück des Verbindungsganges des Nadel- und primären Innenrindenganges getroffen, und diesem Stücke allein kann ein Längsgang im Hypoderm des Lärchenlängssprosses gleichwerthig erachtet werden; dass bei der Lärche die Verbindung zwischen dem Harzgange der Nadel und jenem Stücke unterbleibt, dass den Längstrieben der Lärche jeglicher Harzgang in der primären Innenrinde fehlt, ändert nichts an dem morphologischen Werthe jener eben betrachteten Harzgänge der primären Aussenrinde. Dass diese Deutung die einzig richtige ist, dafür liefert den Beweis der Verlauf der Harzcanäle in der weiblichen Blüte der Lärche. Wie bekannt, entwickelt sich die weibliche Blüte, der Lärchenzapfen, aus einer mit den Merkmalen einer Längstriebknospe aufgebauten Knospe eines Kurztriebes. Schon mehrere Jahre zuvor bereitet sich der Kurztrieb zur Blütenbildung vor, indem die Markröhre von Jahr zu Jahr kräftiger, die Achse des Kurztriebes stetig länger wird; damit dehnen sich die den Hauptrindengängen der Fichte gleichwerthigen Harzlücken zu kurzen Canälen. Kommt es dann zur Blütebildung, so entwickelt

sich die Basis des die Blüte tragenden Sprosses zu einem 1 cm
langen, mit Nadeln besetzten Längstriche; sie führen in dem
Hypoderm des Nadelkissens je zwei kurze Harzgänge, welche mit
den beiden Harzgängen der Nadel nicht communiciren; allmählich
nach oben fortschreitend, treten endlich die Nadelcanäle mit den
beiden Canälen des Nadelkissens in offene Verbindung; letztere
dagegen vereinigen sich nach unten zu einem Gange, der sich
etwas dem Gefässtheil des Sprosses zukehrt. Da wo die Nadeln
an ihrer Basis anschwellen und die ersten Anfänge zum Ueber-
gange in die Blütenschuppen erkenntlich werden, treten in der
inneren primären Rinde, Schichte IV, die ersten, den Harzlücken
des Kurztriebes entsprechenden Rindenhauptgänge auf, anfangs
kurze Stücke, die sich nach aussen wenden und endlich mit den
nach innen gekehrten Canälen der primären Aussenrinde in Communication treten; später sodann zeigen diese Hauptrindengänge
ununterbrochenen Verlauf, die hypodermoidalen Gänge sind zu
Verbindungsgängen zwischen den Hauptrinden- und Nadelbarz-
gängen geworden, und nun ist ein System von Canälen hergestellt,
das, von den Nebengängen abgesehen, völlig identisch mit dem
schon früher betrachteten Harzcanalsystem in dem einjährigen
Sprosse der Fichte ist. So repräsentirt der Zapfen der Lärche
der Reihe nach von unten nach oben fortschreitend die Harzcanal-
bildungen des Längs- und Kurztriebes der Lärche und endlich
durch die Vereinigung der Canalsysteme dieser beiden Sprosse
auch das Harzcanalsystem der Fichte.

Da die Bildung der Harzgänge in der äusseren primären Rinde der
Lärche nicht unwesentlich von der Entstehung der Harzgänge in
der inneren primären Rinde der übrigen Abietineen, wie ich schon
früher erwähnte, abweicht, so will ich einige Worte hierüber anfügen. Es wird im Hypoderm der Lärche nicht e i n e Embryonal-
zelle zur Mutterzelle für den Harzgang, sondern mehrere Embryonalzellen nebst den Tochterzellen anderer betheiligen sich bei der
Harzgangbildung, indem in einer Gruppe von Zellen annähernd
in einem Kreise geordnete Theilwände auftreten (Tafel II, Fig. 14);
da auch einzelne Theilungen regellos in Bezug auf den werdenden
Canal erfolgen, so scheint es hier vorzugsweise sich um die Anlage
eines kleinzelligen Gewebekörpers, dessen Zellen lückenlos aneinander schliessen, zu handeln. Bei Beginn der Gefässbündel-
Differenzirung, welche von einer allgemeinen Dehnung der Rinde-
Parenchym- und Hypodermzellen begleitet ist, tritt im Centrum
der Zellgruppe für den Canal ein sich rasch vergrössernder Intercellularraum auf.

Die Zahl der Harzgänge im Zapfen der Lärche beträgt meist
13, in ihrem Verlaufe sind sie vielfach durch Anastomosen und
Seitengänge verbunden; bei der Fichte sind die Regel 21 Gänge.
Sie durchziehen die Zapfen beider Holzarten von der Basis bis
zur Spitze ununterbrochen; von jedem Canal aber entspringen in
seinem Verlaufe abwechselnd nach rechts und links Seitenäste und
zwar nach folgendem Schema:

Der etwas links von Blüte 1 im Rindenparenchym der Zapfenspindel verlaufende Gang gibt zuerst nach rechts einen Zweig ab, der in die linke Hälfte der Blütenschuppe von Blüte 1 übertritt; kurz darauf zweigen nach rechts zwei weitere Gänge ab, die in die linke Hälfte der Zapfenschuppe von Blüte 1 sich begeben; der Hauptgang läuft nun etwas nach links sich wendend zur Blüte 14 in die rechte Hälfte derselben die analogen Gänge, wie bei Blüte 1 entsendend; der Hauptgang gelangt nun mit einer Beugung nach rechts zur Blüte 22, welche, da die Blüten nach der Divergenz $^{8}/_{21}$ angeordnet sind, senkrecht über Blüte 1 steht; Blüte 22 erhält die Harzgänge auf die nämliche Weise wie Blüte 1; es folgen nun Blüte 35, 43, 56, 64 ...; in der Regel sind bei der Lärche nur zwei Orthostichen für den Zapfen vorhanden; die darunter stehenden Orthostichen an der Basis des Triebes werden von den Nadeln und den Uebergangsstufen dieser zur Blütenschuppe eingenommen. Es erhält somit jede Blütenschuppe je einen und jede Zapfenschuppe je zwei von jedem der zu beiden Seiten der Blüte vorüberstreichenden Canäle. Bei der Fichte unterbleibt sehr oft die erste Abzweigung in die Blütenschuppe, welche alsdann nur isolirte Stücke von Harzgängen führt.

Auffallend ist das parallele Verhalten der Gefässstränge; es liegen diese z. B. bei der Lärche genau unterhalb der Harzgänge und Gefässbündel 1, das an Blüte 1 links vorüberstreicht, gibt nach rechts in die Blütenschuppe einen Zweig ab; einen weiteren Ast sendet dasselbe in die Zapfenschuppe, aber von einem oberhalb der Insertionsstelle der letzteren gelegenem Punkte aus, so dass der Seitenast nach abwärts steigend sich nach aussen in die Zapfenschuppe umbiegt; deshalb zeigt auch die Zapfenschuppe im Querschnitt den Basttheil nach innen der Spindel zugekehrt, den Holztheil nach aussen orientirt. Von Blüte 1 wendet sich der Gefässstrang zu Blüte 14 nach links in die Zapfenschuppe derselben einen Seitenstrang abgebend und wendet sich endlich zu Blüte 22, die wie Blüte 1 mit Gefässbündeln versorgt wird u. s. w.

Die beiden Harzgänge der Blütenschuppe des Zapfens durchziehen diesen zu beiden Seiten des Gefässbündels bis zur Spitze; von den vier Canälen der Zapfenschuppe umschliessen die beiden äusseren mit ihren Verzweigungen die beiden Samenknospen; die beiden inneren und höher stehenden vereinigen sich zuerst, um alsdann sich fächerförmig in der Zapfenschuppe auszubreiten; ebenso verhalten sich die beiden in die Zapfenschuppe übergetretenen Gefässstränge.

Ich komme nun zu den Secretionsorganen der Schichte V, des Basttheiles der secundären Rinde.

Hierher gehören die von H. v. Mohl als Harzlücken bezeichneten Secretbehälter der Lärche, deren ich schon früher Erwähnung machte.

Diese entstehen an dem sich bildenden Sprosse erst dann, wenn das Cambium der isolirten Gefässstränge durch das interfasciculare Cambium zu einem Ringe sich geschlossen hat, und zwar, wenn die ersten verticalen Harzgänge im Holzkörper auf-

treten, da alle Harzlücken der Lärche nur blinde und
isolirte Endigungen von Horizontalgängen sind,
welch' letztere bei allen im Holze Harzgänge be-
sitzenden Coniferen von verticalen Gängen ihren
Ursprung nehmen.

H. v. Mohl's*) Angabe, dass die Harzlücken ausserhalb der
Bastschichte im grünen Parenchym der Rinde liegen, ist daher
nicht zutreffend.

Bei der Lärche obliterirt das den Verticalgang des Holzes
mit der Harzlücke verbindende Zwischengangstück im Holze wie
im Baste, so dass wir mit Schluss der Vegetation eine isolirte,
kugelige oder elliptische Harzlücke unmittelbar unter der grünen,
inneren primären Rinde vor uns haben.

Die Figur 15 der beigelegten Tafel II lässt keinen Zweifel
an der Richtigkeit dieser Thatsachen, womit zugleich ein weiterer
Fall, in dem die Litteratur bei den Coniferen eine Entstehung der
Harzräume durch Desorganisation der Gewebe annimmt, seine
Erledigung findet.

Da diese Harzlücken als isolirte Endigungen von obliterirten
Markstrahlen-Harzgängen aufzufassen sind, letztere aber von den
verticalen Harzgängen im Holze entspringen, so folgt, dass dieselben am einjährigen Sprosse in verticalen Reihen angeordnet
sind, parallel und in der gleichen Radialebene mit den im Holze
verlaufenden Verticalgängen, mit denen sie im Cambium gleichzeitig entstanden sind.

Ihre Bildung ist folgende:

Trifft in der Cambiumregion bei der Bildung eines Verticalganges für den Holztheil, ein Markstrahl auf das durch horizontale
Querwände getheilte Gewebe für den Verticalgang, so werden
zwei bis drei vom gesammten Markstrahlcambium gegen den Basttheil zu abgetrennte Zellen auch durch Radialwände halbirt; die
folgenden Zellen des Bastmarkstrahles erhalten theils gar keine,
theils nur, soweit sie in der Mittelpartie des Markstrahles liegen,
radiäre Wände, und diesen letzteren gleich verhält sich das entsprechende Markstrahlstück im Holztheile.

In der Regel ist vor dieser Theilung im Baste nur eine Zelle
(b) vom Markstrahlcambium abgeschnürt worden, welche in der
Folge in das Harzlückengewebe eingezogen wird; geht keine Zelle
voraus, so beginnt der Markstrahl im Baste mit der Harzlücke,
im Holze mit dem Verticalgang.

Gelangt nun diese Markstrahlzellgruppe allmählich weiter
nach aussen, so vergrössern sich ihre Zellen, und es beginnen
innerhalb derselben zuerst Theilwände aufzutreten, die annähernd
Tangentialflächen für den Mittelpunkt der Zellgruppe sind, mithin
in einer Kugel- oder Ellipsen-Oberfläche liegen (Fig. 16); die
nächste Theilung erfolgt senkrecht auf die erste, die Zellen trennen
sich an ihren inneren Berührungs-Flächen und -Kanten und es
geht eine· kugelige Harzlücke hervor, wenn der Markstrahl nur

---

*) H. v. Mohl in Botan. Zeitg. 1859. p. 329.

wenige Zellen hoch war, welche in eine um so länger gestreckte
Ellipse übergeht, je höher der Markstrahl angelegt wurde.
Der entstehende Intercellularraum füllt sich sofort mit Harz.
Am Schlusse der Vegetation ist die Harzlücke mit zweischichtigem
Epithel versehen; die innersten, gegen die Höhlung ausgebauchten
Zellen sind Secretionsgewebe, die äusseren sind Festigungs- und
Speicherungsgewebe. Der mit Harz erfüllte Raum hat einen
Tangentialdurchmesser von 0,1 mm.

Im zweiten Jahre erweitern sich die Harzlücken auf 0,2 bis
0,3 mm und rücken etwas aus der verticalen Anordnung in Folge
der ungleichen Tangentialzerrung beim Dickenwachsthum des
Sprosses. Im neugebildeten Basttheile entstehen abermals auf
dieselbe Weise wie im ersten Jahre Harzlücken und correspon-
dirende Verticalgänge im Holze, doch treten bereits vereinzelte
Harzlücken auf, bei denen auch das Verbindungsstück zwischen
ihnen und den verticalen Holzgängen als deutlich ausgebildeter,
horizontaler Harzcanal durch Holz, Cambium und Bast angelegt
wird.

Auch im dritten Jahre geht diese Bildung wie im ersten Jahre
weiter; für die Mehrzahl der Harzlücken obliterirt der Verbindungs-
gang; es kann sogar, wie im ersten Jahre, die radiale Theilung
der mittleren Markstrahlzellen ganz unterbleiben. Ja, es kommt
sehr oft vor, dass im Laufe der Folgejahre gerade da, wo ein
Markstrahl mit obliterirtem Harzganggewebe, d. h. ein in seinen
mittleren Zelllagen zwei Zellen dicker Markstrahl das Cambium
durchsetzt, mehreren Verticalgängen des Holzes einige Jahre hinter-
einander den Ursprung geben kann, wobei auch die hierzu gehörigen
Harzlücken im Baste gebildet werden, sodass auf diese Weise eine
radiale Reihe von Verticalgängen im Holze und eine im gleichen
Radius gelegene Reihe von Harzlücken resultirt, deren äussersten
und ältesten die grössten, deren innersten und jüngsten Lücken
die engsten Lumina aufweisen; selbstverständlich ist ihre Zahl
gleich der Zahl der Verticalgänge des Holzkörpers für den betreffenden Radius (Taf. I, Fig. 3).

Sehr häufig vermehrt sich in den ersten Jahren die Zahl der
Festigungszellen durch tangentiale Theilungen der Epithelzellen
und diese Verstärkung kann so weit gehen, dass die theilweise
isolirten Harzlücken aus ihrem lockeren Verbande mit dem lacu-
nösen Parenchym der inneren primären Rinde einerseits und des
Bastes andererseits sich mit Leichtigkeit als Kugeln oder Ellipsen
von Hirsekorngrösse herausschälen lassen, und es erfordert einigen
Druck, um das mit Harz erfüllte Bläschen auf der Objectplatte
mit hörbarem Geräusch zum Platzen zu bringen.

In den Folgejahren wird das Verbindungsstück zwischen Holz-
canal und Harzlücke zu einem deutlichen, horizontalen Harzgang,
wie ihn die Fichte besitzt, und vom achten Jahre an erfolgt auf
der Südseite bereits durch Borkebildung Ausschneidung der ältesten
Harzlücken, welche jedoch nur ein theilweises Auswachsen ihrer
Epithelzellen zu einem Füllgewebe erkennen lassen. Der völlige
Ausschluss aller Harzlücken durch Borkebildung ist nach den für

die Fichte angeführten Betrachtungen ein verschiedener; vom 25
Jahre zählenden Querschnitte der Lärche an abwärts ist wohl
kaum mehr eine lebende Harzlücke vorhanden; es durchsetzen den
Bast nur horizontale Harzgänge, wie ich sie sogleich für die Fichte
näher beschreiben werde.

Die Zahl der Harzlücken ist sehr gross, im ersten Jahre trifft
auf 1 ☐ mm Rindenoberfläche bereits eine Harzlücke.

Da die Horizontalgänge der Coniferen nie frei im Markstrahl
entstehen, sondern stets von verticalen Gängen des Holzkörpers
ihren Ursprung nehmen, so folgt, dass jene Pflanzentheile, denen
die verticalen Holzcanäle fehlen, wovon später, auch keine Harzbehälter im Baste besitzen können.

Die stets in einem Markstrahl eingeschlossenen, horizontalen
Harzgänge besitzen innerhalb der Cambiumregion ein intercalares
Wachsthum, sodass alljährlich der dem Holzkörper angehörige
Theil des Ganges um die Breite des betreffenden Jahresringes in
die Länge wächst und ebenso der Canal im Baste um die betreffende jährliche Bastzulage sich streckt. Da in jedem Jahre
weniger Bast- als Holzzellen gebildet werden, so ist der Bastcanal
kürzer als seine Fortsetzung im Holzkörper; da die Auskleidungszellen und umgebenden Zellen der Bastcanäle grössere Lumina
besitzen als jene der Zellen der Holzgänge, so sind letztere bedeutend englumiger als die Canäle des Bastes; da dieser kurz
nach seiner Bildung schon tangentiale Zerrungen erleidet, so
unterliegt auch dessen Harzgang einer tangentialen Dehnung und
Erweiterung, welche in den äusseren Schichten am intensivsten
sein muss; deshalb schwellen die blinden Endigungen der Bastharzgänge bei Fichte und Lärche innerhalb der Wurzel bis zu
Erbsengrösse an. Diesem tangentialen Zuge entsprechend ändern
sich auch die Dimensionen und Formen der Auskleidungszellen.

Das hypokotyle Glied schwächerer einjähriger Fichten- und
Lärchenpflanzen, deren primäre Innen- und Aussenrinde ohne alle
Harzgänge ist, entbehrt auch der Harzgänge des Bastes, da die
zugehörigen Verticalgänge des Holzkörpers fehlen; der epikotyle
Theil trägt bereits Holz- und Bastharzgänge, welche sich auch
im Holze und Baste aller Wurzeln finden.

Im Laufe der weiteren Entwicklung der Pflanze bleiben die
Canäle des Bastes zwar in derselben Horizontalebene, treten jedoch
in Folge des Dickenwachsthums des Stammes aus der radiär-
verticalen Ebene heraus, sodass der Querschnitt eine Zickzacklinie
ergibt. In der Wurzel, die in den ersten Jahren bei Fichte und
Lärche hyponastisch gebaut ist, bedingt das vorwiegend in der
Verticalebene der Wurzelachse stattfindende Dickenwachsthum eine
Abbeugung der Bastcanäle und zwar auf der oberen Hälfte der
Wurzel nach oben, auf der Unterseite derselben nach unten
(Tafel II, Fig. 15).

Da die Horizontalcanäle dem Basttheile, Schichte V, die Hauptrindengänge der inneren primären Rinde Schichte IV angehören,
so folgt, dass eine Communication beider Canalsysteme unmöglich ist.

4

Schon die ersten Borkeschuppenbildungen greifen meist so
tief, dass die Endigungen der Horizontalcanäle abgeschnitten
werden; dabei erfolgt die Ausschneidung genau in derselben Weise
und mit denselben Eigenthümlichkeiten, wie ich dies bereits für
die Hauptrindengänge der Fichte angezeigt habe.

Wegen des im Canale sich bildenden Füllgewebes, das von
der Korkschichte durchsetzt wird, ist ein Ausfluss des Harzes aus
den Canälen an der von der Borkenschuppe befreiten Stelle
unmöglich, abgesehen davon, dass die Borkenschuppe innerhalb
des zartwandigen Periderms sich loslöst, sodass noch eine oder
mehrere, dickwandige Peridermzellen und das gesammte Phelloderm
am Stamme zurückbleiben.

Bezüglich der Zahl der Bastharzcanäle gilt die Zahl für die
horizontalen Harzgänge des Holzkörpers. Die Auskleidungszellen
der Harzcanäle des Bastkörpers sind wie die Markstrahlzellen
gebaut, doch etwas zartwandiger; sie führen Harztropfen und
Stärkekörner, wie die übrigen Markstrahlen; dennoch müssen in
ihren plasmatischen Inhaltskörpern Differenzen bestehen, aus
Gründen, auf die ich hier nicht näher eingehen kann.

Ich komme nun zu Schichte VII, dem Holzkörper der
Pflanze, und zugleich zu dem Theile der vorliegenden Studie, der
schon früher Gegenstand eingehender Forschung von vielen Seiten
geworden ist.

Was zunächst die Vertheilung und Zahl der Verticalgänge des
Holzes der einjährigen Fichtenpflanze betrifft, so fehlt derselben regelmässig jeder Harzgang im Holzkörper des oberirdischen
Pflanzentheiles. Der Holzkörper des Fichtenpflänzchens ist aus
einem triarchen Gefässbündel entstanden; De Bary*) berichtet,
dass auch aus diarchem Bündel die ersten Holztheile sich bilden
können. Ich kann diese Eigenthümlichkeit auch für die Lärche
bestätigen und zwar war der Holztheil kräftiger Pflanzen aus
diarchem, jener von schwächlicheren Pflanzen aus triarchem Bündel
hervorgegangen.

Nach vollendeter Differenzirung der Gefässbündel der einjährigen Fichtenpflanze bilden das feste Gerüste der Pflanze drei
Gefäss- oder Holzplatten, die sich in der Achse der Pflanze in
einem Winkel von 120° vereinigen. Von dem Punkte, wo die
Wurzel beginnt, abwärts, sind die ersten Bildungen der Gefässbündel verticale Harzgänge, an welchen die ersten Holzorgane,
Tracheiden mit grossen Tüpfeln, unmittelbar anschliessen. Etwa
3 bis 4 cm unterhalb des Ursprunges der ersten Seitenwurzel geht
das triarche Bündel mit drei Harzgängen in ein diarches mit zwei
über, indem ein Gefässbündel sich nach unten auskeilend an das
benachbarte anlegt. Mit diesem Bündel tritt auch der zugehörige
Harzgang zur Seite und endet theils blind, theils vereinigt er sich
mit dem Harzgange des Bündels, an welches sich auch der zugehörige Gefässstrang angelegt hat.

---

*) De Bary, l. c. p. 374.

Von den drei Canälen des Holzkörpers entspringen zahlreiche Horizontalgänge für den Holz- und Basttheil der Wurzel; die Verticalgänge sind vielfach unter sich durch die centrale Achse der Pflanze durchziehende Quergänge verbunden. Soweit die Hauptwurzel der Pflanze ein triarches Gefässplattensystem trägt, stehen die vor den äusseren Kanten der drei Bündelanfänge, d. h. unmittelbar vor den drei Harzgängen entspringenden Seitenwurzeln selbstverständlich in drei verticalen Reihen an der Hauptwurzel; Seitenwurzeln, welche der diarch gewordenen Hauptwurzel entspringen, stehen in zwei Verticalreihen, die in einer Ebene liegen müssen.

Alle Seiten- und Nebenwurzeln tragen diarche Bündel mit zwei Harzgängen an deren äusseren Kanten.

Die Harzgänge als erste Producte der Gefässbündeldifferenzirung werden erst da angelegt, wo durch den Verholzungsprocess der Endodermis die ausserhalb letzterer liegenden Gewebe abtrocknen; die dicke, weissliche, oft mehrere Centimeter lange Wurzelspitze ist somit ganz frei von Harzgängen. Das Gefässbündel besteht in der Regel aus zwei Reihen nebeneinander liegenden Zellen; die beiden ersten Zellen der beiden Reihen werden als zartwandige Zellen, Mutterzellen für den Harzgang. Diese vier Canalmutterzellen treten erst an ihrer gemeinsamen Berührungskante auseinander, wenn sechs und mehr Holzzellen gebildet worden sind, oft erst, wenn seitlich vom diarchen Bündel, sofern Seitenwurzeln in Betracht kommen, sich weitere Bündel einschieben. Die vier Zellen lassen zuerst zwischen sich einen viereckigen Intercellularraum, dessen Erweiterung die vier Epithelzellen durch radiär zum Canal gestellte Theilungen ermöglichen.

Noch im ersten Jahre legen sich zu beiden Seiten des diarchen Bündels weitere Gefässstränge an, die bei kräftigen Pflanzen so mächtig auftreten, dass sie auch noch die beiden Harzgänge des diarchen Bündels umspannen und damit einen geschlossenen Cambiumring in der Wurzel herbeiführen; in diesen späteren Holzlagen können ebenfalls Harzgänge liegen; in der Regel alterniren zwei mit den beiden Gängen des diarchen Bündels (vergl. Fig. 17 auf Tafel II).

Wo eine Seitenwurzel entspringt, gehen mit den Gefässbündelzweigen auch Zweige des Harzganges ober- und unterhalb des Ursprungs der Seitenwurzel in letztere über; dabei durchsetzt entweder der Harzgang der Hauptwurzel die ausbiegenden Gefässstränge mittels eines parenchymatischen Zellgewebes, oder er weicht den abzweigenden Gefässbündeln durch Ausbiegung aus. Der Art und Weise entsprechend, wie eine Seitenwurzel an der verticalen Hauptwurzel sich ansetzt, steht das diarche Bündel der Seitenwurzel anfänglich in der gleichen Verticalebene mit der Hauptwurzel; wenige Millimeter entfernt dreht sich die Gefässplatte der Seitenwurzel, und mit ihr die beiden Harzgänge, um 90°, sodass sie nun eine dem Erdinnern zugeneigte horizontalstreichende Ebene darstellt.

Da die beiden seitlich von dem diarchen Bündel sich ansetzenden Stränge sich in demselben Jahre noch kräftig entwickeln und überdies die Oberseite weniger Holzzellen bildet als die Unterseite, so ist schon am Schlusse des ersten Jahres in diesem eigenthümlichen Verhalten die Anlage zur Hyponastie der Wurzel gegeben (Fig. 17).

Da die Pfahlwurzel bei der Fichte frühzeitig ihr senkrechtes Längenwachsthum sistirt, so übernehmen die ältesten und kräftigsten Seitenwurzeln die Wasser- und Nahrungszufuhr; so ruht mit der Zeit das ganze Gewicht des emporstrebenden Baumes auf der Unterseite dieser Wurzeln, an denen in Folge dessen die Holzbildung immer mehr beschränkt wird, vielleicht manches Jahr ganz unterbleibt; es gehen darum die Ansatzstellen der Wurzeln aus der Hyponastie zur Epinastie über.

Die feinsten Wurzeln führen keine Harzgänge.

Die einjährige Lärche ist nach den nämlichen Gesetzen wie die einjährige Fichtenpflanze aufgebaut; sehr kräftige Exemplare enthalten jedoch im epi- und hypokotylen Holztheile Harzgänge, welchen wohl horizontale Gänge, aber keine Harzlücken entspringen. Der Holztheil des zweijährigen Pflänzchens von Fichte und Lärche wird in seinem oberirdischen Theile von bis sechs Gängen durchzogen; die Zahl wechselt nach der Wuchskräftigkeit der Pflanze. Die drei neuen Canäle im Holztheile der triarchen Hauptwurzel stehen meist mit denen des ersten Jahres in Alternation; ebenso alterniren die beiden neuen Canäle der diarchen Haupt- und aller Seitenwurzeln in der Regel mit den beiden Gängen des ersten Jahres, wenn im ersten Jahre nur zwei Gänge zur Ausbildung kamen. Oft treten jedoch auch zahlreichere Gänge auf; oft ist es schwierig, die Frage, welchem Jahresringe ein Harzgang in der Wurzel angehört, zu entscheiden, da oftmals jegliche Herbstholzbildung unterbleibt.

Die Wurzeln der Lärche zeigen überdies noch einige Eigenthümlichkeiten. So legen sich bis zum dritten oder vierten Jahre die Jahresbildungen am Holze lediglich zu beiden Seiten der ursprünglichen Gefässplatte an, sodass die unmittelbar vor den beiden Harzgängen gelegenen Partien durch ein zartwandiges parenchymatöses, stärkemehlfreies, also dem Cambiform nahe stehendes Gewebe ausgefüllt werden; an dieser Stelle erfahren die beiden Harzgänge eine abnorme Erweiterung ihrer Lumina in radiärer Richtung; hieraus resultirt eine auf zwei Seiten platt gedrückte Wurzel, wobei auf den beiden flachen Seiten die beiden Harzgänge liegen.

Nach mehreren Jahren endlich entstehen in diesen todten Ecken verholzende Parenchymzellen und kurze Tracheiden von regelmässiger Gestalt. Von den beiden erweiterten Harzgängen entspringen zahlreiche, auf 5 mm Canallänge bis 10, Markstrahlharzgänge für den Holz- und Basttheil, die selbstverständlich in zwei Reihen an der Wurzel angeordnet sind und in derselben Ebene mit der primären Gefässplatte liegen müssen.

Die Harzgänge des neuen Holztheiles, der über den Holztheil
des ersten Jahres sich legt, setzen sich nur zum geringsten Theile
in den neuen Jahrestrieb fort, sondern enden auf der Höhe, in
der der neue Trieb beginnt.

Auch in den Folgejahren und am erwachsenen Stamme durchziehen die Harzgänge den Holzkörper durchaus nicht in unbe-
grenzter Ausdehnung, wie Müller*) sagt. So zeigte der einjährige,
einen Meter lange Trieb einer sehr kräftigen Lärchenpflanze im
oberen Querschnitte in seinem Holztheile nur 4 Harzgänge, in der
Mitte 26 und gegen die Basis zu 56 Canäle; der sehr kräftige
Jahrestrieb einer erwachsenen Fichte wies im oberen Querschnitte
42 Canäle, im unteren 105 auf. Die Länge der Harzcanäle am
erwachsenen Stamme zu messen, ist nicht leicht; an frisch gefällten
Fichten- und Lärchenstämmen liess sich jedoch eine entsprechende
Zahl von Verticalgängen der jüngsten Holzlage mit dem Scalpell
herauspräpariren; es ergab sich als Durchschnitt aus 5 bis 10
Messungen:

für die untere Stammhälfte der Fichte			=	70	cm
„ „ obere	„	„	„ =	40	„
„ „ untere	„	„ Lärche	=	30	„
„ „ obere	„	„ „	=	15	„

Die kürzesten Dimensionen finden sich besonders in der
Umgebung der Aeste. Ich glaube, dass es bei der Fichte keine
verticalen Harzcanäle im Holze von über ein Meter Länge und bei
der Lärche nicht von über $^1/_2$ Meter Länge gibt. Die Canäle enden
entweder blind nach beiden Seiten hin, oder legen sich mit dem
oberen oder unteren Ende an Nachbarcanäle an; mit Hilfe der
Horizontalgänge stellen sie demungeachtet ein in offener Communication stehendes System von Canälen dar. Die mittlere Partie des
Harzganges liegt tiefer im Jahresringe, ist daher zuerst gebildet
worden; während der cambialen Thätigkeit hat sich der Harzgang
allmählich nach oben und unten verlängert, und deshalb liegen
auch die Endigungen des Canales der Peripherie des Stammes
näher; diesem Modus der Bildung der Harzgänge entsprechend,
durchschneidet ein Querschnitt durch den Holzkörper im Frühjahr-
und Sommerholze nur wenige Canäle, im Herbstholze dagegen
zahlreiche.

Verlauf und theilweise auch Bildung der Verticalgänge im
Holzkörper könnte man vielleicht nicht unpassend mit der Bildung
und dem Verlaufe der Gefässstränge eines Monokotylenstammes,
z. B. einer Palme, vergleichen, natürlich gilt auch hier: omne
simile claudicat!

Anders verhält sich der eben entwickelnde Jahrestrieb; hier
beginnt die Bildung der Harzgänge an der Basis des Triebes und
nicht bevor das Cambium einen vollständigen Ring darstellt, also
nicht vor Mitte Juni. An der Spitze des Triebes treten erst Mitte

---

*) N. J. C. Müller, l. c.

August, zu welcher Zeit die cambiale Thätigkeit zu Ende geht, die Harzgänge hart an der Cambiumschichte auf; Ende September ist der Gang in seinem Lumen und seinem Epithel fertig. Dass Harzgänge schon in den noch isolirten Holzbündeln auftreten, ist ziemlich selten; Harzgänge, die tiefer im Holze liegen, schliessen innerhalb der Endknospe mit einer Parenchym-Zellgruppe ab.

Ebenso verhalten sich jene Canäle, welche mit dem Holztheile in die Seitenknospe übertreten, was nur an der Unterseite derselben direct möglich ist; seitlich und oberhalb der Seitenknospe biegt kein Harzgang aus dem Hauptspross direct in die Seitenknospe über; es entspringen vielmehr von den nahe an der Knospenbasis im Hauptstamme vorüberstreichenden Canäle zwei oder drei Seitencanäle, die mit einer schwachen Drehung seitlich oder nach oben, in der Basis der Seitenknospe blind enden.

Wächst die Seitenknospe im nächsten Jahre zu einem Triebe aus, so entstehen in demselben theilweise selbständige, neue Canäle, theilweise treten auch aus dem neuen Holztheile des Muttersprosses, ebenso wie für die Knospe beschrieben, Harzgänge über, eine Strecke im neuen Triebe verlaufend. Wie die Harzgänge im Holze der Seitenäste, verhalten sich auch jene der Seitenwurzeln nach dem ersten Jahre der Bildung dieser.

Obwohl zahlreiche Canäle mit ihren Endigungen im Herbstholze bis hart an das Cambium herantreten, schliessen sich doch nicht die neuen Canäle des folgenden Jahres an die Endigungen der Canäle des vorjährigen Holzes an, sodass kein Harzgang gefunden werden kann, der ununterbrochen aus einem Jahresringe in den nächsten äusseren und jüngeren überginge.

Da der Faserverlauf am Stamme kein durchaus verticaler ist, so folgen auch die Harzgänge im unteren Stammtheile der Drehung der Faser von links unten nach rechts oben, wenn man auf den Stamm sieht; im oberen Stammtheile kann auch die entgegengesetzte Drehung anschliessen.

Bezüglich der Horizontalgänge des Holz- und somit auch des Bastkörpers will ich bemerken, dass an einem sehr kräftigen Triebe ein Centimeter Verticalganglänge 7 Horizontalcanälen den Ursprung geben kann; im Durchschnitte können auf ein Centimeter Verticalganglänge 4 Horizontalgänge angenommen werden.

Da die Horizontalgänge stets ununterbrochen bis in den Basttheil verlaufen, so treffen sie natürlich im Cambium oftmals auf neu sich bildende Verticalgänge; tangiren sie diese, dann stellt sich zwischen Horizontal- und Verticalgang eine offene Verbindung her, wie sie Hartig*) abgebildet und beschrieben hat; trifft die Achse des Horizontalganges genau in die Achse des verticalen Ganges, so halbirt ersterer den letzteren, und es findet offene Verbindung des Horizontalganges nach beiden Seiten hin mit dem Verticalgange statt, worauf ich später zurückkommen muss.

Einige Angaben für die Zahl dieser Verbindungen, die bisher für zufällige gehalten wurden, mögen hier zulässig sein; im 90-

---

*) Hartig, Lehrbuch der Baumkrankheiten. 1882. p. 137.

jährigen Fichtenholze trafen auf 319 mm Vertical-Canallänge
26 Verbindungen; davon gingen bei 7 die Horizontalgänge mitten
durch die verticalen; auf die Gesammtlänge eines lothrechten
Ganges können somit praeter propter 30 Verbindungen mit wagrechten Gängen gerechnet werden.

Die Zahl der nur an dem Schafttheile einer erwachsenen
Fichte oder Lärche vorhandenen Horizontal- und Verticalgänge
ist schon eine colossale. Ich zerlegte alte Stämme in Sectionen,
ermittelte an jeder Section auf 1 Q.-cm Manteloberfläche der
Querscheibe die Zahl der horizontalen Canäle und fand nun, dass
bei der 90jährigen Fichte

auf 1 Q.-cm Manteloberfläche der I. Section 1,3 m über dem Boden auf
   die Nordseite 70, auf die Südseite 66 Canäle trafen;
auf 1 Q.-cm Manteloberfläche der II. Section 5,4 m über dem Boden auf
   die Nordseite 50, auf die Südseite 50 Canäle trafen;
auf 1 Q.-cm Manteloberfläche der III. Section 9,5 m über dem Boden auf
   die Nordseite 55, auf die Südseite 60 Canäle trafen;
auf 1 Q.-cm Manteloberfläche der IV. Section 13,6 m über dem Boden auf
   die Nordseite 53, auf die Südseite 64 Canäle trafen;
auf 1 Q.-cm Manteloberfläche der V. Section 17,7 m über dem Boden auf
   die Nordseite 71, auf die Südseite 65 Canäle trafen;
auf 1 Q.-cm Manteloberfläche der VI. Section 21,8 m über dem Boden auf
   die Nordseite 80, auf die Südseite 77 Canäle trafen;
auf 1 Q.-cm Manteloberfläche der VII. Section 24,9 m über dem Boden auf
   die Nordseite 93, auf die Südseite 79 Canäle trafen.

Section VIII, 27 m über dem Boden, hatte auf 1 Q.-cm der Nordseite 117,
   der Südseite 101 Canäle.
Section IX, 27,7 m über dem Boden, hatte auf 1 Q.-cm der Nordseite 118,
   der Südseite 103 Canäle.
Section X, 28,4 m über dem Boden, hatte auf 1 Q.-cm der Nordseite 165,
   der Südseite 140 Canäle.
Section XI, 29,2 m über dem Boden, hatte auf 1 Q.-cm zusammen 132
   Canäle.
Section XII, 29,3 m über dem Boden, hatte auf 1 Q.-cm zusammen 100
   Canäle.

Eine 80jährige Lärche zeigte auf 1 Q.-cm Oberfläche der

I. Section, 1,3 m über dem Boden, im jüngsten Holze auf der Nordseite 72,
   der Südseite 65 Canäle;
I. Section, 1,3 m über dem Boden, an im 12. Lebensjahre des Baumes
   gebildeten Holze auf der Nordseite 87, der Südseite 80 Canäle;
II. Section, 3,4 m über dem Boden, im jüngsten Holze auf der Nordseite 70,
   der Südseite 66 Canäle;
II. Section, 3,4 m über dem Boden, an im 12. Lebensjahre des Baumes
   gebildeten Holze auf der Nordseite 75, der Südseite 82 Canäle;
III. Section, 6 m über dem Boden, im jüngsten Holze auf der Nordseite 70,
   der Südseite 67 Canäle;
III. Section, 6 m über dem Boden, an im 12. Lebensjahre des Baumes
   gebildeten Holze auf der Nordseite 85, der Südseite 89 Canäle;
IV. Section, 12 m über dem Boden, im jüngsten Holze auf der Nordseite 81,
   der Südseite 77 Canäle;
IV. Section, 12 m über dem Boden, an im 12. Lebensjahre des Baumes
   gebildeten Holze auf der Nordseite 94, der Südseite 132 Canäle;
V. Section, 18 m über dem Boden, im jüngsten Holze auf der Nordseite 86,
   der Südseite 77 Canäle;
V. Section, 18 m über dem Boden, an im 12. Lebensjahre des Baumes
   gebildeten Holze auf der Nordseite 87, der Südseite 114 Canäle;
VI. Section, 24 m über dem Boden, an im 12. Lebensjahre des Baumes
   gebildeten Holze auf der Nordseite 74, der Südseite 80 Canäle.

Eine 15jährige Lärche zeigte an der

I. Section, 1 m über dem Boden, an dem im 12. Jahre gebildeten Holze
auf der Nordseite 90, der Südseite 100 Canäle:
II. Section, 3 m über dem Boden, an dem im 8. Jahre gebildeten Holze
auf der Nordseite 80, der Südseite 100 Horizontalgänge.

Hieraus ergeben sich folgende Schlüsse:

Im Holze von Fichte und Lärche nimmt die Zahl der Horizontalgänge auf einem bestimmten Querschnitte von unten nach oben zu, bis ungefähr zu dem Querschnitte, der 12 Jahreszuwachse umfasst; von hier an aufwärts nimmt ihre Zahl wieder ab; auf einer bestimmten Fläche nehmen im Stamm die horizontalen Harzgänge von aussen nach innen zu; die Zunahme ist innerhalb der beasteten Krone viel rascher als im astfreien Schafttheile.

Da die Fichte am Südrande eines Waldbestandes sich befand, waren in der Höhe von 4 Meter am Stamme bereits Aeste vorhanden, und zwar bis zu 13 Meter nur auf der Südseite, von da an allseitig bis zur Spitze.

Der unterste Schafttheil zeigt auf der Nord- und Südseite nahezu gleich viele Canäle; die Nordseite hat etwas mehr; die Sectionen mit den Aesten auf der Südseite, Section III und IV, tragen auf dieser Seite die meisten Gänge; von hier an überwiegt bei der Fichte die Menge der Harzgänge auf der Nordseite.

Die Lärche, die durchaus mit ihrem Schafte im Waldesschlusse stand, verhielt sich wie die Fichte: ein geringes Ueberwiegen der Canäle der Nordseite. Der die Krone tragende Schafttheil verhält und, wie die Zahlenangaben für das 12jährige Holz beweisen, verhielt sich während der ganzen Wachsthumsperiode der Lärche umgekehrt wie die Fichte; es wurden mehr Horizontalcanäle auf der Südseite als auf der Nordseite des Stammes entwickelt.

Die Gesammtzahl der Horizontalgänge, die allein am Schafte der Fichte, vom Holz in den Basttheil übertreten, betrug bei einer Stammoberfläche von 226,870 Q.-cm = 14,105,500. Selbstverständlich lege ich all' diesen Zahlen keinen wissenschaftlichen Werth bei; sie sollen nur eine ungefähre Vorstellung von der Menge der Harzbehälter einer erwachsenen Fichte geben.

Im ersten Jahre steht die Zahl der Horizontalgänge zu jener der Verticalgänge im Verhältniss, nämlich 1:30; von da an vermindert sich das Verhältniss, indem an Stelle neuer Horizontalgänge nur Verbindungen mit schon früher entstandenen treten. Eine Zählung der Verticalgänge aber ist nahezu unmöglich; die Auswahl der Fläche, auf welcher gezählt werden soll, ist von zu vielen Zufälligkeiten abhängig. Ausserdem ist die Vertheilung derselben im Holzkörper eine durchaus wechselnde; manche Jahresringe tragen nur wenige, manche enthalten zahllose Harzgänge.

Der Querschnitt einer 10jährigen Fichte zeigte 804 verticale Canäle; jener der erwachsenen Fichte in $\frac{1}{2}$ der Höhe ungefähr 44,000.

Die Aeste führen auf der Oberseite weniger horizontale Harzgänge als auf der Unterseite; ebenso verhalten sich die hyponastisch

gebauten Wurzeln, umgekehrt die epinastischen an ihren Ansatzstellen am Stamme.

Ich verhehle mir nicht, dass die Angaben für die Vertheilung
der horizontalen Harzcanäle ihrer Zahl nach noch keinen genügenden
Maassstab auch für die quantitative Vertheilung des Harzes überhaupt im Stamme geben können; abgesehen von den Verticalgängen
spielen hierbei noch die sämmtlichen parenchymatischen Markstrahlzellen eine Rolle, hervorragend genug, um die Verschiedenheiten zwischen quantitativer Vertheilung und obigen Zahlenangaben
hinreichend motiviren zu können.

Die Veröffentlichung der Untersuchungsresultate über die
quantitative Vertheilung des Harzes in unseren einheimischen und
den wichtigsten exotischen Nadelhölzern, der ich einige Angaben
über Entstehung und Function des Harzes anfügen zu können
glaube, muss ich mir für später vorbehalten.

Die Entstehung der Secretgänge des Holzkörpers.

Um mich bei der Beschreibung der Entstehung der Horizontal-
und Verticalgänge des Holzkörpers möglichst kurz fassen zu können,
will ich die Gesichtspunkte, die mir in dieser Frage entscheidend
scheinen, vorausschicken.

Querschnittsform der Zellen und die Bildung aller Intercellularräume mit ihren Eigenthümlichkeiten lassen sich auf die nämlichen
Gesetze zurückführen, die in der Wachsthumsmechanik des Holzkörpers ihre Begründung finden.

Betrachtet man die beim Beginn der Vegetation von den
Cambialfasern abgetheilten Jungholzfasern, so haben sie einen
rechteckigen Querschnitt; die lange Seite der Rechtecke liegt in
der Peripherie des Triebes; sie ist ungefähr noch einmal so lang
als die im Radius gelegene, kurze Seite (Tafel II, Fig. 15 aa); die
fertigen, verholzten Tracheïden des Frühjahrsholzes bilden im
Querschnitt ein Sechseck, von dem die beiden parallelen und
tangentialen Wände gleich gross und gleich der tangentialen Wand
der Cambiumzellen sind; die radialen Wände aber sind auf das
Doppelte und Dreifache angewachsen und durch eine gebrochene Linie
repräsentirt (Fig. 14 c). Die Anlage dazu ist schon im Cambium
erkenntlich, indem die tangentialen Wände nicht genau aneinander
stossend einen Kreis rings um den Stamm darstellen, sondern
zwischen zwei benachbarten tangentialen immer ein kleines
Zwischenstück (Fig. 14 a) übrig bleibt, welches mit zur radialen
Wand der fertigen Zelle verbraucht wird. Die Veränderung besteht
also darin, dass die Jungholzfaser beim Uebergang in die fertige
Faser in ihrer Radialwand auf das zwei- bis dreifache ihrer
ursprünglichen Breite gedehnt wird.

Wären die in den beiden Radialwänden einer Jungholztracheïde
thätigen Kräfte genau parallel, so wäre nicht einzusehen, wie jenes
Zwischenstück zu einer schiefen Wand werden könnte; es sind
aber die beiden Kräfte, welche die Dehnung der Organe veran-
lassen, Radien eines Kreises, dessen Centrum die Markröhre des

Stammes ist, und darum nach aussen divergirend. Es muss also eine Spannung in den tangentialen Wänden resultiren, welche um so grösser ist, je näher sie dem Centrum liegt und je grösser der Dehnungscoefficient der betreffenden Zelle ist (Taf. II, Fig. 18). Steigt die Spannung in den tangentialen Wänden endlich über ein gewisses Maass, so schiebt sich eine Radialwand, d. h. eine neue Zelle, zwischen die vorhandenen ein, welche die Spannung wieder verringert.

Innerhalb der einzelnen Zellen müssen jene des Frühjahrsholzes die deutlichsten Aeusserungen jener Spannkräfte an sich tragen, da die Divergenz der beiden Kräfte für die einzelne Zelle gedacht, wegen der grössten radialen Dehnung der letzteren, in maximo ist; darum wird auch die der Peripherie näher stehende Tangentialwand in maximo der tangentialen Spannung, der der Markröhre näher stehenden Wand gegenüber, sein. Da aber die tangentialen Wände sich nicht oder nur unmerklich dehnen, so muss ein Zurseitebiegen der benachbarten Radialwand veranlasst werden, was dadurch ermöglicht wird, dass diese bereits innerhalb der Cambialregion eine gebrochene Linie darstellt. Auf diese Weise ergibt sich die sechseckige Gestalt der Frühjahrszellen, die, je näher der Herbstholzregion, d. h. je geringer, für die einzelne Zelle betrachtet, die tangentiale Spannung mit der Abnahme der radialen Dehnung wird, um so mehr der Rechteckform der cambialen Fasern sich nähern muss.

Nach denselben Gesetzen nun, welche die Bildung der Harzgänge in Nadel und Rinde der Coniferen beherrschen, werden auch die Harzbehälter des Holzes angelegt und ausgebaut. Diese Gesetze sind: Theilung einer bestimmten verticalen oder horizontalen Zellreihe oder einer cylindrischen Zellgruppe (nach dem Gesagten ist diese Reihe oder Gruppe, von sehr üppigen Längstrieben abgesehen, wohl nie über einen Meter lang) zu einem kleinzelligen Gewebecylinder, Abrundung der durch seitlich lückenlosen Verband ausgezeichneten Epithelzellen in Folge gegenseitiger Trennung an ihren Innenkanten, hervorgerufen durch die Dehnung der benachbarten Organe, welche auch die Erweiterung des Intercellularraumes bedingt. Nehme ich nun den denkbar einfachsten Fall einer Harzcanalbildung, wie er im Holze der Lärche oft genug vorkommt, dass nämlich ein solcher Gang von nur vier Zellen begrenzt werden soll, so sind diese vier Initialzellen aus je zwei Zellen zweier radiärer Zellreihen gebildet und stellen in der Cambialregion ein Quadrat oder Rechteck dar; zwei bis drei neue Jungholzfasern von der Cambiumschicht entfernt, werden diese Zellen in ihrer ganzen Länge in zahlreiche — bis zu 40 — Kammern zerlegt; damit ist das erforderliche kleinzellige Gewebe für den Canal fertig. Indem, diese vier Zellen von den inneren gemeinsamen Kanten ausgehend sich abtrennen, muss ein viereckiger Intercellularraum entstehen; die Trennung erfolgt zuerst in den radial zur Stammachse gestellten Wänden (Tafel III, Fig. 20), dann erst auch innerhalb der Tangentialwände. Dies beweist, wie natürlich ist, dass während der Vegetationszeit wenigstens innerhalb

der tangentialen Wände stets Spannungen vorhanden sein müssen,
da jede neu gebildete Cambiumzelle einer grösseren Peripherie angehört.

An älteren Stämmen aber wird diese Spannung immer geringer,
und es findet in der That hier die erste Abtrennung der Zellen
an den tangentialen Wänden statt; hier ist die Trennung fast nur
mehr Folge der Radialdehnung, welche sechs bis acht Jungholzfasern von dem Cambium entfernt, am ausgiebigsten wird (Fig. 21).

Die Epithelzellen dehnen sich selbst nicht, sondern geben
durch weitere Loslösung an den Berührungsflächen der Spannung
nach, wodurch der schon bei Auftreten des ersten intercellularen
Spaltes mit Harz erfüllte Canal im Querschnitte in einen Rhombus
übergeht; dabei wird auch die tangentiale Spannung zur Wirkung
gelangen müssen durch Erweiterung des Canales in der Tangente
des Triebes. Wenn ich N. J. C. Müller recht verstanden habe,
so ist der Grundgedanke seiner langen Deductionen der, dass die
transversale Spannung zuerst vorhanden sei, was zum Theil ja
richtig ist, und dass diese die radiale Spannung nach sich ziehe,
wogegen ich das Gegentheil annehme, dass nämlich die radiäre
Dehnung die tangentiale Spannung noch vergrössert. Es ist leicht
einzusehen, welche grosse Menge von Verschiedenheiten in der
Anordnung des Epithels der Harzgänge in der Grösse letzterer
zu Stande kommen muss, je nach der Zeit der Entstehung, ob im
Frühjahrs- oder Herbstholze und je nach der Zahl der sich dabei
betheiligenden Cambialfasern in radiärer und tangentialer Richtung.

Regelmässig werden bei Fichte und Lärche die Initialzellen
für den Harzgang unmittelbar nach Auftreten der horizontalen
Theilungen auch durch radiäre zur Stammachse (selten zum zukünftigen Canal) gestellte Wände in kleinere und zahlreichere
Zellen zerlegt (Fig. 20 und 21). Im Holze der Wurzel ist die Zahl
der sich betheiligenden Fasern die grösste, bis zu 20; im Frühjahrsholze ist die Dehnung der Nachbarorgane am ausgiebigsten, deshalb ist auch der Querschnitt des fertigen Ganges im allgemeinen
eine Ellipse, deren Längsachse im Radius des Stammes liegt;
anders verhalten sich die Canäle des Herbstholzes, welche im
Durchschnitt auch Ellipsen sind, aber die lange Achse liegt in der
Tangente des Stammes.

Regelmässig werden nur die innersten Zellen des cylindrischen
Gewebekörpers zu Epithelzellen für den Canal; die äusseren werden
zu begleitenden Parenchymzellen; die äussersten zu diesen oder
zu kurzen Tracheïden mit Hoftüpfeln an allen Seiten.

Nicht selten ist innerhalb eines Jahresringes auf dem Querschnitte in der ganzen Peripherie ein Harzgang so nahe an dem
andern, dass nur die Markstrahlen als Trennungsschichten übrig
bleiben; es erscheinen die Markstrahlen von den Harzcanälen zusammengedrückt; aus dem Folgenden lässt sich aber der wahre
Sachverhalt leicht schliessen.

War es die in der radialen Dehnung der Organe gelegene
Kraft, welche als Agens für die Bildung der Verticalgänge in erster
Linie maassgebend war, so ist es die in den Tangentialwänden

liegende Spannung, welche die Entstehung und Erweiterung der
Horizontalcanäle veranlasst. Schon bei jedem Markstrahl, auch wenn
er keinen Harzgang in sich schliesst, gelangt die Spannung in den an den
Markstrahl anstossenden Längstracheïdenkanten zur Wirkung, indem diese sich abrunden oder ganz verschwinden (Tafel II, Fig. 15
bei c); hier konnte die tangentiale Spannung sich ausgleichen, da
es hierzu lediglich einer Lumenerweiterung der Markstrahlzellen
bedurfte. Dieser Ausgleich erfolgte, indem die an den Markstrahl
angrenzenden Radialwände der Tracheïden sich der radiären Kraftrichtungsebene möglichst näherten.

Der gleiche Vorgang, aber in verstärktem Maasse, findet bei
der Bildung der Horizontalgänge statt. Nachdem nämlich die
centralen Partien des Markstrahles im Cambium durch radiär zur
Stammachse. also in derselben Verticalebene mit dem Markstrahl
liegende Wände in einen kleinzelligen, wagrechten Gewebekörper
umgewandelt sind (Tafel III, Fig. 22 bei a), erfolgt durch die
radiale Dehnung der Nachbarorgane eine Längsstreckung des
Gewebecylinders, welche eine Querschnittsverminderung der
Zellen (a) und die Bildung von Intercellularräumen anstreben
muss (a).

Wie ich schon öfters erwähnt habe, nehmen die Horizontalcanäle stets in verticalen ihren Ursprung, sodass zwischen dem
Lumen beider freie Communication besteht; wo Horizontalgänge
seitlich an verticalen vorüberstreichen oder letztere von ersteren
durchsetzt werden, kann das Harz von dem einen Gang in den
andern gelangen vermittels Intercellularräumen innerhalb der
beiderseitigen Canalepithelien. Auch für die Bildung dieser Communication und aller dabei auftretenden Eigenthümlichkeiten
genügen die Spannungsverhältnisse der in den Dauerzustand übergehenden Holzorgane vollständig.

Trifft nämlich auf den im ersten Stadium der Entwicklung
stehenden Verticalcanal innerhalb der Cambiumzellschichte ein
Markstrahl, so kann vom verticalen Gange ein horizontaler entspringen; die Communication aber kommt dadurch zu Stande, dass
das mehrzellige Markstrahlgewebe am äusseren, dem Cambium zu
liegenden Rande des verticalen Ganges in seiner centralen Achse
einen Zwischenzellraum bildet, der, da die ersten Epithelzellen des
horizontalen Ganges zugleich noch Epithelzellen für ein kleines
Stück des verticalen Ganges sind, frei in den Verticalcanal ausmündet. Dies ist die einfachste Art der Verbindung; dabei ist,
vom Marke aus gerechnet, der unmittelbar vor dem Horizontalgang liegende Theil des Markstrahles selbst ein Stück des Canalepithels für den Verticalgang.

Anders gestaltet sich der Vorgang, wenn die Verbindung
zwischen einem, durch intercalares Wachsthum sich verlängernden
horizontalen und einem sich eben bildenden verticalen Harzgange
innerhalb der Cambiumregion sich herstellt.

Berührt der horizontale den verticalen Gang nur an einer
Seite, so ist die Entstehung der dem Verticalgange angehörigen
Intercellularräume (Tafel III, Fig. 23 aa) aus dem Gesagten bereits

deutlich, wenn man beachtet, dass die zartwandigen Epithelzellen des
verticalen Canales mit ihrer Aussen- (Radial-) Wand auf der Strecke,
auf welcher sie den horizontalen Canal berühren, wiederum mit
zartwandigen Epithelzellen zusammenstossen, sich von diesen daher
trennen (Folge der tangentialen Spannung) und der radiären
Spannung durch Bildung der Intercellularräume a a Ausdruck
geben können.

Es bleibt noch die Erklärung der Zwischenzellräume bb des
Horizontalganges übrig. Durch die radiäre Dehnung der Längstracheïden werden die Markstrahlzellen, wie schon die schiefe
Stellung ihrer Querwände beweist, auf ihre definitive Länge gebracht;
wird aber ein elastischer Schlauch in die Länge gezogen, so sucht
sich sein Querschnitt zu verringern; dadurch entstehen Spannungs-
zustände in allen Seitenflächen, welche bei mehreren nebeneinander
liegenden und miteinander verwachsenen Schläuchen auf eine
gegenseitige Isolirung, d. h. auf die Bildung von Zwischenräumen
hinwirken (Fig. 22 a).

Bei Organen, die sehr frühzeitig verdicken und verholzen,
wird diese Trennung ganz unmöglich oder nur sehr mangelhaft
sein; es können sich eben nur die alle Markstrahlzellen begleitenden
Zwischenzellräume bilden; kommen aber dünnwandige, aus Cellulose
bestehende Zellen in Betracht — und alle Epithelzellen der Harzcanäle des Holzkörpers bleiben dünnwandig bis zur völligen
Streckung, Verdickung und Verholzung der benachbarten Organe —,
so ist eine Trennung in allen Wandflächen möglich, aber nicht in
jenen, mit welchen sie an verholzende Organe angewachsen sind,
da sie mit diesen die früh verholzende Mittellamelle gemeinsam
haben. Da nun auf der kurzen Strecke, in welcher der Horizontalgang den verticalen berührt, zartwandiges Epithel an zartwandiges
Epithel stösst, können sich die Epithelzellen des horizontalen
Ganges sowohl von den Epithelzellen des verticalen, als unter sich
theilweise loslösen (Fig. 22 a); dadurch entstehen die Zwischenräume bb Fig. 23, deren Form den angegebenen Versuch einer
naturgemässen Deutung der Bildung dieser Zwischenräume noch
stützt.

Die Zahl der sich trennenden Epithelzellen und damit die
Zahl der Zwischenräume bei der Communication hängt von der
beiderseitigen Weite der sich berührenden Canäle ab.

Kny*) hat in seinen neuesten Wandtafeln die Communication
von horizontalen und verticalen Gängen auch für die Kiefer behauptet, gibt aber davon eine Abbildung im Tangentialschnitte,
die, wenn sie richtig ist, das Gegentheil beweist. Hätte Kny die
Rückwand des verticalen Ganges weggelassen, so wäre er von
selbst beim Zeichnen darauf gekommen, dass das Epithel des
horizontalen Ganges in seiner Zeichnung gar keinen Intercellularraum besitzt und überdies in einem unmöglichen Zusammenhange
mit dem Epithele des verticalen Ganges steht.

---

*) Kny, Botanische Wandtafeln mit erläuterndem Text. VI. Abtheilung.
1884.

Kny erwähnt weiter, dass die radial angeordneten Tracheïden der Kiefer durch freie Balken von rundlichem Querschnitte durchsetzt werden. Ich habe sehr oft an Tannen, Fichten und Lärchen dieselbe Erscheinung gefunden; ja es kommen selbst Sklerenchymzellnester, wie z. B. in der Rinde der Tanne, im Holze vor; sie sind vielleicht pathologischen Ursprunges.

Eine Menge von Eigenthümlichkeiten bei der Ausbildung der Canäle und ihrer Verbindungen scheinen mir für die Richtigkeit obiger Deductionen zu sprechen.

Zwischen den Intercellularräumen der Communicationszellen spannen sich zarte Cellulosefäden (Fig. 23 bei bb); sie beweisen, dass die Wände der zartwandigen Zellen durch eine Kraft in unvollständiger Weise von einander getrennt wurden.

Wo vertical stehende Organe (Tracheïden) seitlich an verticale angewachsen sind, herrscht in allen Zellen der gleiche Widerstand gegen die radiale Dehnung, die gleiche Spannung; wo verticale an horizontale Organe anliegen, verringern letztere das Resultat der Kraftwirkung; denn die horizontal liegenden haben einen geringeren Dehnungs-Coëfficienten, da bei ihnen alle vier Wände durch dieselbe Kraft gedehnt werden müssen, während bei den verticalen Organen nur zwei, die radiären Wände, der dehnenden Kraft ausgesetzt sind; daraus folgt, dass ein in den Verticalorganen entstehender senkrechter Gang eine Verengung erleiden muss, wo dieser an verholzende, horizontale Organe angrenzt, und so sehen wir, dass jeder Verticalgang im Holzkörper, da wo ein Markstrahl tangirt oder den Gang durchsetzt, eine Einschnürung zeigt.

Rücken zwei parallel nebeneinander laufende Canäle so nahe aneinander, dass keine Längstracheïden dazwischen liegen, so muss sich zwischen beiden eine Verbindung herstellen und zwar durch Intercellularräume innerhalb der tangentialen und radiären Wände der beiderseitigen Epithelzellen.

Wenn ein verticaler Canal von einem viele Zellen hohen Markstrahl in der Achse getroffen wird, wird der Harzgang an dieser Stelle getheilt, so dass zu beiden Seiten des Markstrahles Gangepithel liegt (Fig. 22 bb). Markstrahlen, die einen verticalen Gang durchsetzen, ohne denselben in zwei normal ausgebildete Theile zu spalten, erleiden eine Veränderung, derart, dass die Grenztracheïden des Markstrahles auf der durch das Lumen des Ganges gegebenen Strecke zu Parenchymzellen werden; dabei können diese auch zartwandige Zellen werden, mit den Eigenschaften der zartwandigen Epithelzellen und müssen sich, wenn zwei solche übereinander liegen, nach dem erwähnten Gesetze unter Querschnittsverringerung von einander trennen. Besteht ein solcher Markstrahl nur aus einer oder zwei Zellen — und diese sind dann bei Fichte und Lärche meistens Tracheïden — so werden sie ebenfalls zu zartwandigen Zellen; durchsetzen zwei Zellen den Gang, so muss zwischen ihnen ein Intercellularraum auftreten, wie es thatsächlich der Fall ist. Dass die Dehnung der Organe ohne merkliches gleichzeitiges Flächenwachsthum vor sich gehen

muss, möchte ich daraus schliessen, dass manche Zellen so ausgedehnt sind, dass sie in der Mitte sich vollständig von einander
getrennt haben; die beiden ausgezogenen Spitzen sind gegen einander
gekehrt, aber nur das eine Stück der Zelle enthält einen Zellkern, das andere ist eine leere Hülle.

Auch die gegenüberliegenden Epithelzellen des Canales selbst
sind sehr oft nicht völlig von einander getrennt, sondern als in
der Mitte verengte oder schlauchförmig gewundene Zellen durch
den Canal gespannt; oft ist die Verbindung zwischen solchen
Zellen nur mehr ein äusserst zarter Cellulosefaden, wie ich ihn
schon für die Communication erwähnte.

Einer Reihe von Eigenthümlichkeiten, die sich auf den Bau
der fertigen Canäle beziehen, musste ich schon in dem Vorausgehenden gedenken; hier sei nur zur Ergänzung wiederholt, dass
die Differenzirung der den Harzgang bekleidenden Zellen erst
dann erfolgt, wenn das umliegende Gewebe bereits seine definitive
Ausbildung hinsichtlich Gestalt und Verdickung erhalten hat.
Diese Differenzirung besteht nun darin, dass ein Theil der Auskleidungszellen auf Kosten des Plasma-Inhaltes verdickt und zwar
derart, dass alle Wände mit Ausnahme der gegen das Lumen des
Canales zugekehrten und gewölbten Wandung einfache Tüpfel
tragen. Schon vorher wurden die begleitenden Zellen theils zu
Parenchym- theils zu Tracheïdenzellen mit Hoftüpfeln auf allen
Seiten, selbst den Querwänden. Die Differenzirung des Gang-
epithels der Horizontalgänge erstreckt sich im ersten Jahre der
Bildung nicht auf die ganze Ausdehnung des Canales; der im
Herbstholze liegende Theil bleibt durchaus zartwandig; ja, dieselben
schliessen sich innerhalb des Cambiums so sehr aneinander, dass oft
jeder Intercellularraum verschwindet. So zeigte sich, dass, als ich
die Rinde an einer erwachsenen Fichte ablöste, auf einer Fläche
von 4 ☐ ctm nur aus 175 Canälen Harz durch den Turgor der
Splint-Gewebe ausgepresst wurde, während, wenn alle Canäle das
Cambium offen durchsetzten, aus 500 Canälen hätte Harz ausfliessen
müssen.

Die zartwandigen Epithelzellen führen einen grossen Zellkern, der
scharf gegen das umliegende Plasma abgegrenzt ist; sie sind bald
unregelmässig innerhalb des Ganges zerstreut, bald in Reihen
angeordnet; zartwandig bleiben insbesondere die Epithelzellen auf
der Grenze des Herbst- zum Frühjahrsholze und die Zellen bei
der Verbindung zweier Harzcanäle; ihre Zahl ist um so grösser,
je enger die Jahresringe sind.

Die dickwandigen Zellen sind theils ganz leer, theils verhalten
sie sich wie Markstrahl-Parenchymzellen.

Canäle, die im Holzkörper blind endigen, verengen sich immer
mehr und es schliesst die Harzgang führende Zellgruppe mit
parenchymatischem Gewebe ab.

Die Verticalcanäle haben ein Lumen von kaum über 0,05 mm
Durchmesser, die Horizontalcanäle sind noch enger; erstere sind
mit blossem Auge nur in der dunkeln Herbstholzregion als helle
Pünktchen erkenntlich.

Auch obliterirte Gänge finden sich; solcher Horizontalgänge erwähnte ich schon bei den Harzlücken der Lärche, bei welcher Holzart bei der Bildung der Harzlücken auch Verticalgänge in ihrem Verlaufe und ihrem Baue unvollständig bleiben können. Innerhalb des Holzkörpers folgt gewöhnlich auf eine zahlreiche Harzgänge führende Jahreszone eine solche mit nur wenigen; die Mehrzahl der Markstrahlen führt keine Gänge; es gibt aber solche mit zwei, selbst mit drei in demselben Markstrahl übereinander liegenden Gängen, insbesondere im Wurzelholz der untersuchten Holzarten, aber auch bei anderen Nadelhölzern, wie Pinus silvestris, Tsuga Douglasii und mehreren. Die zartwandig bleibenden Epithelzellen des Canales werden von einigen Forschern als die eigentlichen Harzproducenten aufgefasst; ich kann mich dieser Ansicht aus vielen Gründen, die mir heute noch nicht spruchreif erscheinen, nicht anschliessen. Jedenfalls sind diese Zellen Folgemeristemzellen, welche die Bestimmung haben, erst nach einer Reihe von Jahren, bei Fichte und Lärche nach acht bis zehn Jahren ihre Function zu erfüllen. Sobald nämlich die Gewebe des Splintholzes wasserärmer werden, der Splint also in Kernholz übergeht, was im Durchschnitt regelmässig im zwölften Jahre nach der Bildung des betreffenden Holzes vor sich geht, beginnen diese zartwandigen Zellen ins Lumen des Canales hineinzuwachsen.

Ueber eine vorläufige Notiz, die ich in der Flora 1883. No. 14 über diesen Gegenstand brachte, wurde von Schimper in Bonn in diesem Blatte*) referirt; ich sagte damals von der Bildung der Harzgänge, dass ihr Lumen im ersten Jahre im Holze „abgeschlossen" sei; dies scheint zu einem Missverständniss Anlass gegeben zu haben, das, da Schimper statt „abgeschlossen" „verschlossen" sagt, ein heller Irrthum geworden ist.

Wo viele Zellen des Canales meristematisch bleiben, wie an der Grenze der Jahresringe, an den Communicationsstellen der Canäle, verwachsen diese Zellen im Innern des Canales zu einem Füllgewebe, das jegliche Bewegung des Harzes im Gange hemmt. Bleiben nur wenige, z. B. in der Abbildung Tafel III, Fig. 24, nur eine Zelle dünnwandig, so wächst diese blasenförmig nach oben und unten im Canal sich erweiternd, aus; eine einzige Zelle kann den Canal dabei völlig verschliessen, verdicken und verholzen. Fichte und Lärche verhalten sich in diesem Punkte ganz gleich; nur zeigen sich bei der Lärche, deren weisslicher Splint in rothes Kernholz übergeht, wobei der braune Kernstoff sich durch alle Reactionen als Abkömmling des Gerbstoffes erweist, auch starke Gerbstoffreactionen.

Für das Gesagte ist Figur 24 ein schönes Beispiel; die Zelle a hat den ganzen Canal erfüllt, die ehemaligen Epithelzellen zusammengedrückt; hätte ich den Schnitt etwas tiefer oder höher geführt, so wäre, da die Zelle a blasig nach oben und unten sich erweiterte, eine Figur zu Stande gekommen, wie Fig. 25, welche einen verschlossenen horizontalen Gang darstellt und die der

---

*) Schimper, Botan. Centralbl. Bd. XVII. 1884. No. 8.

Dippel'schen, 147 seines citirten Buches*) auf ein Haar gleicht.

Die Deutung aber, welche ihr Dippel gibt, scheint mir nicht richtig; es wurde hier kein innerhalb der Zellhaut liegendes Epithel resorbirt, sondern die Epithelzellen sind alle im Kreise geordnet vorhanden; Dippel bezeichnet sie als Hp. = Holzparenchym. Die Räume aa sind keine Harzräume sondern Zelllumina. Da meine oben gegebene Beschreibung für den Verschluss der Harzgänge von Fichte und Lärche gilt, so kann ich auch der weiteren Ansicht Dippel's, dass bei der Lärche hier und da eine Resorption des centralen Stranges entweder ganz unterbleibt oder erst nach dessen Verholzung eintreten soll, nicht beitreten.

Bemerkenswerth scheint mir die vollkommene Analogie in dem Verhalten der Harzgänge des Holzes sowohl, wenn dieses in wasserarmes Kernholz, als auch der Rinde zu sein, wenn diese in wasserarme Borke übergeht.

Da die Markröhre, Schichte VIII, keine Harzgänge führt, bleiben mir nur noch die Nadeln und deren Modification, die Knospendecken, sowie die männlichen Blüten zur Besprechung übrig; an sie würden sich einige Notizen über jene Zellen reihen, die das gebildete Secret nicht in einen Intercellularraum ergiessen, sondern in sich aufspeichern.

Bezüglich der Harzcanäle der Nadeln bestehen begreiflicher Weise einige Differenzen zwischen Fichte und Lärche, da die Nadeln der letzteren Holzart nur eine, die der ersteren bis neun Vegetationszeiten lebensthätig bleiben.

Die beiden Harzcanäle der Lärchennadel entstehen bereits im Herbste, noch innerhalb der Knospe. Sie liegen in den beiden seitlichen Kanten der durch den gegenseitigen Druck rhomboidalen Nadeln. Hier findet sich wieder eine kleinzellige, cylindrische Gewebsgruppe, aus meist drei oder vier sechseckigen Zellen gebildet; innerhalb einer solchen Gruppe entstehen die Harzgänge, indem da, wo drei Zellen in einer Kante zusammenstossen, was bei der sechseckigen Gestalt der Zellen die Regel ist, sich diese drei Zellen an der gemeinsamen Kante trennen, womit ein dreieckiger Intercellularraum geschaffen wird; durch weitere Loslösung der Zellen in Folge des Wachsthumes der benachbarten Zellen erweitert sich die Intercellularspalte, besonders nach einer benachbarten Zelle zu, und indem sich die Trennung auch noch auf einen Theil der Seitenwände dieser Zelle erstreckt, rückt diese gleichsam in den Kreis der den Canal umstehenden Zellen ein. Das fertige Bild erweckt die Vorstellung, als sei ursprünglich der Canal durch das Auseinanderweichen von vier in einer Kante sich berührenden Zellen und diese selbst aus einer kreuzweisen Theilung einer Mutterzelle hervorgegangen. Das erstere ist nicht unmöglich, da im Meristem neben sechseckigen auch fünfeckige Zellen vorkommen; das letztere ist nach dem im Vorausgehenden für die Rindencanäle Gesagten mir sehr unwahrscheinlich.

---

*) Dippel, l. c. p. 265.

Innerhalb der Knospe ist das Lumen des Canales gleich dem einer benachbarten Parenchymzelle; dabei beginnen die Canäle knapp unter der Spitze der Nadel und enden, ehe sie die Basis der Nadel erreichen, blind; das Canalepithel ist, dem anstossenden Parenchym gogenüber, durch dichteren, plasmatischen Inhalt ausgezeichnet.

Mit Vegetationsbeginne streckt sich die Nadel und mit ihr der neugebildete Gang, wobei eine Vermehrung des Epithels durch radiär zum Canallumen gestellte Wände vor sich geht; ebenso streckt sich die canalfreie Nadelbasis und ·Spitze. Die Canäle liegen unmittelbar unter der Epidermis; gegen das innere Blattgewebe zu verleihen einzelne lange Sklerenchymzellen, die unmittelbar an die Epithelzellen angrenzen, dem Canale Festigkeit. Die Zahl dieser Sklerenchymzellen nimmt nach unten zu und innerhalb der sklerosirten Nadelbasis enden die Canäle blind.

Das Lumen der Canäle ist nur 0,02 bis 0,03 mm; sie sind daher mit freiem Auge nicht sichtbar. Die Bildung des Intercellularraumes unterbleibt oft völlig; oft ist der Canal so eng, dass die Bewegung des Harzes mindestens sehr erschwert ist. Die Harzcanäle der Nadel haben wie diese selbst nur einjährige Dauer; dabei findet die Ablösung der Nadel vom Sprosse im Herbste in der Weise statt, dass innerhalb des Nadelkissens von der Insertionsstelle des Blattes an, das Korkgewebe, welches Schichte I und II zum Vertrocknen bringt, nach rückwärts und unten dem ins Blatt ausbiegenden Gefässtrange entlang sich fortsetzt und durch Bildung von zahlreichen, grossen Korkzellen, welche das Gefässbündel einschnüren, dieses gleichsam unterbindet. Der Gefässtrang bräunt sich hier, die Nadel vertrocknet und löst sich da ab, wo schon bei der Ausbildung der Nadel eine zarte Wand als Grenzschicht zwischen Nadelbasis und -Kissen auftritt, welche überdies verkorkt. Hier bricht der Gefässtrang der vertrocknenden Nadel ab. Wie die Lärchennadel trägt auch die Fichtennadel zwei Harzgänge, die in den tangentialen Kanten etwas gegen die Mittelrippe gerückt, stehen. Ihre Bildung ist von der oben für die Lärche angegebenen nicht verschieden, aber sie beginnt erst mit der Vegetation überhaupt.

Der Verlauf der Fichtennadelgänge ist ein vielfach unterbrochener; schwächeren Nadeln fehlt jeder Gang, wie schon Thomas*) berichtet, der auch accessorische Harzgänge in den flachen Nadeln an der Spitze der Gipfeltriebe fand.

Bei kräftigen Nadeln gehen die beiden Nadelgänge, wie schon erwähnt, durch die Insertionsstelle und setzen sich als Verbindungsgänge mit den Hauptrindengängen in Communication. Mitte Juni wird diese Verbindung wieder durch Korkbildung unterbrochen; dabei verschliesst sich auch der Harzgang in der sklerosirten Basis der Nadel genau so, wie die Harzgänge im Holze sich mit Thüllen erfüllen. Fig. 26 zeigt einen Nadelharzgang, dessen Epithelzellen, sowie die centrale Zelle sklerosirt sind. Der Querschnitt

---

*) Thomas in Pringsheim's Jahrb. für wissensch. Botanik. Bd. IV.

hat die blasige und sklerosirte Erweiterung einer höher oder tiefer liegenden, ausgewachsenen Epithelzelle getroffen. Den Kotyledonarnadeln von Fichte und Lärche fehlt jeder Harzgang.

Die Knospen-Deckschuppen sind aus Nadeln hervorgegangen; bei der Fichte sind bei einigen Exemplaren sämmtliche Deckschuppen durch Harz verklebt, bei anderen finden sich kaum Spuren davon. Bei ersteren zeigt sich nun, dass die äussersten Schuppen zwei grosse Harzgänge zu beiden Seiten der Mittelrippe tragen, welche beim Vertrocknen der Schuppe ihren Inhalt nach aussen ergiessen. Die meisten Fichten haben aber ganz trockene Schuppen.

Anders verhält es sich bei der Lärche, deren Knospen stets durch Harz verklebt sind; hier functioniren im ersten Stadium der Knospenbildung die stark gerbstoffhaltigen Oberhautzellen, insbesondere auf der Oberseite und an der Basis der Schuppe, wie Epithelzellen; der Raum zwischen zwei aneinander liegenden Schuppen verhält sich wie ein Intercellularraum. Mit der Abnahme des Gerbstoffes nimmt die Menge des ausgeschiedenen Harzes zu; dabei verwelken aber die Oberhautzellen und ihre Wandung färbt sich braun. Möglicher Weise liegt in dem Vertrocknen der Zellen die Ursache, weshalb das Harz durch die welke Wandung treten kann. Gestützt wird diese Ansicht, dass erst die trockene Membran für Harz, resp. den Terpentin, permeabel sei, durch manche Thatsachen.

So überzieht sich der Calluswulst am Wundrande der Lärche reichlich mit Harz, aber erst dann, wenn innerhalb der Callusrinde die Korkschicht auftritt, welche alle ausserhalb liegenden Gewebe zum Vertrocknen bringt. Schneidet man einen Lärchenkurztrieb, dessen Nadeln eben ausgestreckt, aber noch nicht cuticularisirt sind, ab, so tritt allmählich aus den welkenden Nadeln Harz in zwei Längslinien hervor, unter welchen die Harzgänge liegen.

Für die Knospenschuppe liegt überdies die Vermuthung nahe, dass auch aus Gerbstoff, wie es schon Wiesner*) aussprach, Harz gebildet werden könne.

Endlich enthält auch die männliche Blüte von Fichte und Lärche in ihrem Achsentheile Harzgänge und zwar meist 13, bei der Fichte auch 21. Bei beiden Holzarten verlaufen sie von der Basis bis zur Spitze ununterbrochen, durch zahlreiche Queräste mit einander verbunden und nach oben an Zahl abnehmend. Die Staubfäden der Fichtenblüte haben keine Harzgänge; jene der Lärchenblüte tragen dagegen zwei in der grüngefärbten und dicken Spitze der Staubblätter. Wenn die Lärche, wie es auch bei einer Fichte, Picea nigra, vorkommt, Zwitterblüten trägt, so nehmen die männlichen Organe den unteren, die weiblichen den oberen Theil der Spindel ein. An der Basis des Lärchentriebes finden sich dann einfache Nadeln mit zwei Harzgängen; diese Nadeln verbreitern sich allmählich und auf ihrer Rückseite entstehen endlich

---

*) Wiesner, Ueber die Entstehung des Harzes im Innern von Pflanzenzellen. (Sitzber. d. k. Acad. d. Wiss. Bd. LI.)

die Pollensäcke. In diesem Falle hat der obere, breite, grüne Theil, das Connectiv, noch zwei Harzgänge; alle Zellen enthalten Chlorophyll; die Epithelzellen sind frei davon; der die Pollensäcke tragende Theil der modificirten Nadel besitzt keine Harzgänge. Indem sich die zu Staubblättern gewordenen Nadeln an der Spitze roth färben und sich verbreitern, wobei allmählich die Pollensäcke verkümmern, alsdann ihre Mittelpartie mit dem Gefässstrang sich beträchtlich streckt, geht aus ihnen die Blütenschuppe hervor, die hinsichtlich ihrer Harzgänge schon früher beschrieben wurde. Die Basis der Zwitterblüte ist ohne Harzgänge; in der Region, welche Staubblätter trägt, treten 13 Canäle auf, welche bis zur Spitze des Zapfens verlaufen.

Es ist durch Müller, Dippel und Andere bekannt geworden, dass auch die Parenchymzellen des Holzes, und wie ich hinzufügen kann, auch des Bastes, soweit sie Markstrahlzellen sind, harzbildende Zellen sind.

Deshalb führen im Holzkörper Harz einmal alle parenchymatischen Zellen der Markstrahlen; einzelne der verdickten (Parenchym-) Zellen, welche als Epithel den Harzgang bekleiden, dann die verticalen Parenchymzellen in der Umgebung des Harzganges, insbesondere die parenchymatischen Verbindungszellen zweier benachbarter Verticalgänge oder eines Verticalganges mit dem nächsten Markstrahle. Das Harz tritt in den neugebildeten Markstrahlzellen bereits Ende August als winzige Tröpfchen auf, wenn die Zellen sich zu verdicken beginnen; im nächsten Jahre nimmt die Zahl und Grösse der Tropfen in denselben zu und so steigert sich die Menge an Harz von Jahr zu Jahr, während proportional die Menge des im Winter abgelagerten Stärkemehles von Jahr zu Jahr abnimmt. Es scheint ein allgemeines Gesetz zu sein, dass Harz, sobald es einmal in sichtbarer Form innerhalb einer Zelle auftritt, die mit Wasser gesättigte Wandung, mag sie aus Cellulose bestehen oder verholzt sein, nicht mehr passiren kann. Auf der Grenze zwischen Splint- und Kernholz sind nur mehr die mittleren Zellen der Markstrahlen lebend und mit Harztropfen und einzelnen Stärkekörnern in ihrem Innern, während die dem Rand näher liegenden Zellen bereits plasmaleer sind und das Harz theils in Tropfenform, theils als inneren Wandbeleg besitzen (Fig. 24); im trockenen Kernholze ist das Harz in den meisten Parenchymzellen Wandbeleg geworden, während alle trachealen Elemente des Holzkörpers jederzeit im normalen Zustande völlig frei von Harz sind.

Parenchym, das nicht Markstrahl- oder Gangparenchym ist, ist bei der Fichte stets, bei der Lärche meistens pathologisch; bei der Lärche findet sich an jungen Exemplaren als Jahresholzgrenze öfters regelmässig ausgebildetes, stärkemehlführendes Längsparenchym. Das pathologische oder Wundparenchym verdankt seine Entstehung einer Verwundung, einer localen Tödtung der Cambiumzellen, wobei oft äusserlich keine Beschädigung wahrgenommen werden kann, ähnlich wie die sogenannten Markflecken im Holze der Birke und Erle. Bei der Fichte und Lärche ist es zwar kein Insect, welches im Cambium lebt, sondern es sind eine Reihe von Ursachen, als deren eine ich in ausgedehntem Maasse Frost constatiren konnte; für die Lärche erwähnt diese Wundholzbildung in Folge von Frost bereits S o r a u e r. *)

An einer jungen Fichtenpflanze kann man die Zahl der schädlichen Fröste innerhalb der Entwicklungszeit der Pflanze ermitteln, da jeder Frost eine, meist um den Trieb reichende, Zone von eben gebildeten Jungholzfasern zum Absterben bringt, worauf von dem intact gebliebenen Cambium, insbesondere aber von den Markstrahlen aus, parenchymatisches Wundgewebe gebildet wird, das stark verdickt und verholzt und die todten Jungholzpartien zusammendrückt. Diese letzteren sind gelb, zartwandig mit den ersten Andeutungen der Hoftüpfel versehen. In diesem Wundparenchym wird ebenfalls Harz gebildet und in etwa vorhandene Zwischenräume ergossen.

Hierher gehören, wenn auch vielleicht durch andere Ursachen hervorgerufen, die als H a r z g a l l e n bekannten, mit Harz erfüllten Räume im Coniferenholze; dass diese nicht erst durch Desorganisation von Membranen entstanden sein können, beweist ihre allseitige Ausfüllung mit Wundparenchym, das nach allen Seiten in die regelmässigen Holzzellen übergeht.

Wie die Markstrahlzellen des Holzkörpers verhalten sich auch die des B a s t e s. Hier nimmt der Gehalt an Harz ebenfalls mit dem Alter, somit von innen nach aussen zu, jener an Stärkemehl ab; vorkommende Gerbstoffschläuche innerhalb eines Markstrahles sind frei von Harz.

Die Längsparenchymzellen des Bastes sind in Gerbstoff- oder Krystallschläuche umgewandelt oder sind einfache Stärkebehälter ohne Harz. Die Phellodermzellen führen theils blos Stärke, theils Gerbstoff, theils Stärkemehl mit Harztropfen.

Die Angabe M ü l l e r's **), dass Harz in den Zellen des Vegetationskegels der Terminalknospe und Blattanlage, sowie in den alten Zellen des Holz- und Rindenkörpers sich in wechselnder Menge finde, halte ich für ungenau; die stark lichtbrechenden Tropfen in den Zellen des terminalen Knospenkegels erweisen sich durchweg als Gerbstoff, das Harz in den Zellen des alten Holzes und der Rinde tritt nur in den Markstrahlenparenchymzellen, sowie dem Wund- und Harzgangparenchym auf.

Auch die von M ü l l e r gegebenen Bilder, welche die dem Cambium angrenzenden jüngsten Holzzellen mit Harztropfen versehen darstellen, halte ich für Täuschung.

Ich habe bisher die Frage nach der Genesis des Harzes, nach dem Chemismus bei der Ausscheidung desselben aus dem Stoffwechsel absichtlich offen gelassen; sie ist wohl ohne ernstliche Beihilfe eines Chemikers kaum endgültig zu lösen; aus der eben gegebenen Studie aber dürfte sich ergeben, dass schon der anatomische Befund der Harzgänge, ihre Bildung und Vertheilung dagegen sprechen, für die betrachteten Nadelhölzer eine Bildung

---

*) S o r a u e r, Ueber Frostbeschädigungen. (Gartenzeitung 1882.)
**) M ü l l e r, l. c. Bd. V. 1866.

des Harzes aus Holzmembran anzunehmen; wenigstens glaube ich, dass es mir gelungen ist, alle Angaben und Abbildungen in der Litteratur, die auf eine Auflösung von gebildeter Membran, auf einen lysigenen Ursprung von Harzgängen bisher hinzudeuten schienen, einerseits widerlegt, andererseits in ihrer wahren Bedeutung erkannt zu haben.

Erklärung der Figurentafeln.

Tafel I.

Fig. 1. Längsansicht eines Fichtentriebes, durchsichtig gedacht, so dass der Verlauf der Harzgänge innerhalb eines Cyclus erkenntlich wird. Die Hauptrindengänge sind grün, die Verbindungsgänge zwischen ersteren und den Nadelgängen roth, die Nebengänge blau angelegt. Vergr. $^3/_1$.

Fig. 2. Querschnitt nach a—b von Fig. 1. I und II sind Epidermis mit Hypoderm, III ist Korkschicht, IV die primäre Innenrinde, V Bast, VI Cambium, VII Holz, VIII Markröhre. $^6/_1$.

Fig. 3. Querschnitt durch den einjährigen Trieb der Lärche; Schichtenfolge die nämliche wie bei Fig. 2. $^5/_1$.

Fig. 4. Längsschnitt durch die Grenze zweier Jahrestriebe der Fichte; a Knospendecken, b Markhöhle, c Harzcanalendigung des älteren Sprosses, d Verticalcanal mit horizontalen Gängen. $^4/_1$.

Fig. 5. Längsansicht der 20 jährigen Jahresgrenze der Fichte; a Jahrringsgrenze der Rinde, b schief eingewachsener Seitenast, c Markhöhle, d Abzweigung der Markröhre des Tochtersprosses von der Markröhre des Muttersprosses. $^1/_1$.

Fig. 6, 7, 8, 9, 10 und 11. Entwicklungsstadien der Harzgänge in der Rinde der Fichte. $^{100}/_1$.

Fig. 12. Verschluss eines Rindenharzganges der Fichte durch Auswachsen der Epithelzellen. $^{130}/_1$.

Tafel II.

Fig. 13. Längsansicht eines Verticalganges aa' der Rinde der Fichte, durch Kork (Borke) bb' getroffen; c der lebend verbleibende Theil des Canales; d Secundärgänge in dem parenchymatischen Füllgewebe des Canales; e Cuticularisirung des Füllgewebes mit Ausscheidung von Coniferin. $^{240}/_1$.

Fig. 14. Harzcanalbildung in den Hypodermschichten der Lärchenrinde. $^{230}/_1$.

Fig. 15. Entstehung der Harzlücken im Baste der Lärche; aa Cambium, b erste Markstrahlzelle, die folgenden in der radialen Ebene getheilt, bei einigen Zellen auch die tangentiale Theilung schon eingeleitet; c fertige Holzzellen, d Harzcanal im Jungholze. $^{200}/_1$.

Fig. 16. Harzlückenbildung im Baste der Lärche, Beginn des Intercellularraumes. $^{100}/_1$.

Fig. 17. Verlauf der Horizontalgänge im Baste der hyponastischen Fichtenwurzel. $^{16}/_1$.

Fig. 18. Schema, die Spannungsverhältnisse innerhalb der radiären und tangentialen Wände der wachsenden Tracheiden zeigend.

Fig. 19. Nebenharzgang im Nadelkissen der Fichte durch die Korkschichte III zum Vertrocknen gebracht; theilweiser Verschluss des Harzganges durch Auswachsen einer Epithelzelle; Harz durch Alcanna gefärbt. $^{100}/_1$.

Tafel III.

Fig. 20. Entstehung des Verticalganges im Holze der Fichte, Beginn der Intercellularspalte. $^{100}/_1$.

Fig. 21. Entstehung des Verticalganges im Wurzelholz der Fichte. $^{300}/_1$.

Fig. 22. Tangentialschnitt durch eine Harzcanalkreuzung bei der Fichte; a gedehnte Epithelzellen des horizontalen Ganges mit Intercellularräumen, bb Markstrahl mit Epithelzellen bekleidet, cc Verticalgang. $^{110}/_1$.

Fig. 23. Schematische Figur der Communicationsstelle von Vertical-
und Horizontalgang, *aa* Intercellularraum des verticalen, *bb* solche des
horizontalen Ganges. $^{300}/_1$.
Fig. 24. Verschluss eines Harzganges im Holze der Fichte durch Aus-
wachsen einer Epithelzelle *a*; *bb* ehemalige Epithelzellen. $^{100}/_1$.
Fig. 25. Verschluss eines horizontalen Ganges im Holze der Lärche durch
Epithelzelle *a*. $^{300}/_1$.
Fig. 26. Verschluss des Harzganges in der sklerosirten Nadelbasis der
Fichte, ebenfalls in Folge Auswachsens einer höher oder tiefer als der ab-
gebildete Querschnitt liegenden Epithelzelle. $^{300}/_1$.

Verlag von **Theodor Fischer** in **Kassel.**

D͞r. H. MÖHL.

𝔐orphologische 𝔘ntersuchungen über die 𝔈iche

mit 3 Tafeln.

Preis 4 Mark.

..

Dr. J. Minks.

Symbolae licheno - mycologicae.

Βεiträge

zur

Kenntniss der Grenzen zwischen Flechten und Pilzen.

Bd. I und II à 8 Mark.

Die Klebe- und Verdickungsmittel.

𝔍hre 𝔈igenschaften, 𝔎ennzeichen, 𝔙erfälschungen,
technische 𝔓rüfungen und 𝔚erthbestimmung

von

Eduard Valenta,

Assistent a. d. k. techn. Hochschule in Wien.

Preis gebunden M. 4.—

Verlag von Theodor Fischer in Kassel.

Professor Ed. Hackel.

Monographia Festucarum europaearum.

Preis 8 Mark.

Baron Ferd. von Mueller (Melbourne)
Auswahl von aussertropischen Pflanzen,

vorzüglich

geeignet für industrielle Kulturen und zur Naturalisation,

mit Angabe ihrer Heimathsländer u. Nutzanwendung.

Preis 16 Mark.

V. A. Poulsen.

Botanische Mikrochemie.

Aus dem Dänischen unter Mitwirkung des Verfassers übersetzt

von

C. Müller.

Geb. Preis 2 Mark.

H. R. Göppert.
Ueber
innere Vorgänge bei dem Veredeln der Bäume
und Sträucher.

Mit 8 Tafeln. — Preis 6 Mark.

J. Freyn.
Zur Kenntniss einiger Arten der Gattung Ranunculus. II.
Mit 2 Taleln.

Preis 1 Mk.

Verlag von Theodor Fischer in Cassel. — Druck von Friedr. Scheel in Cassel.

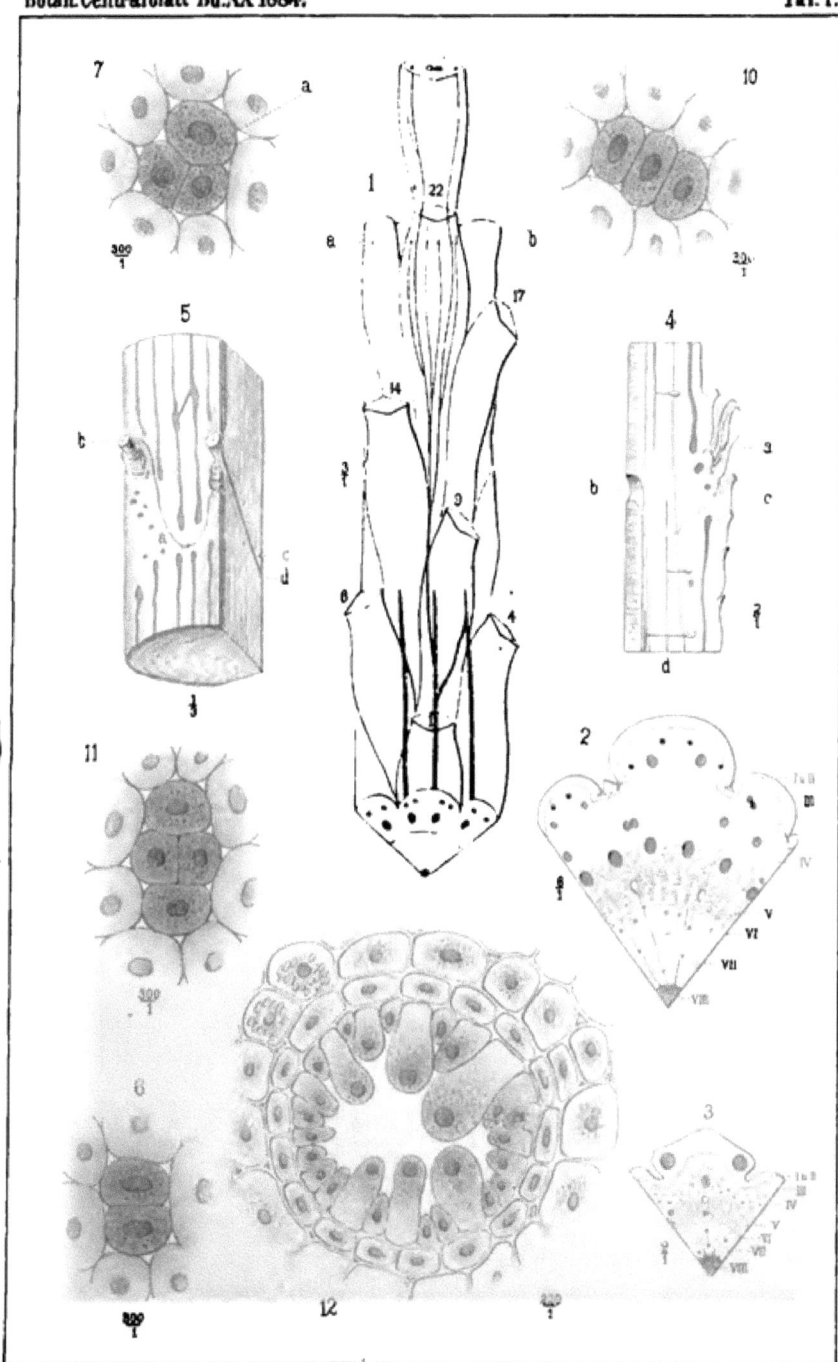

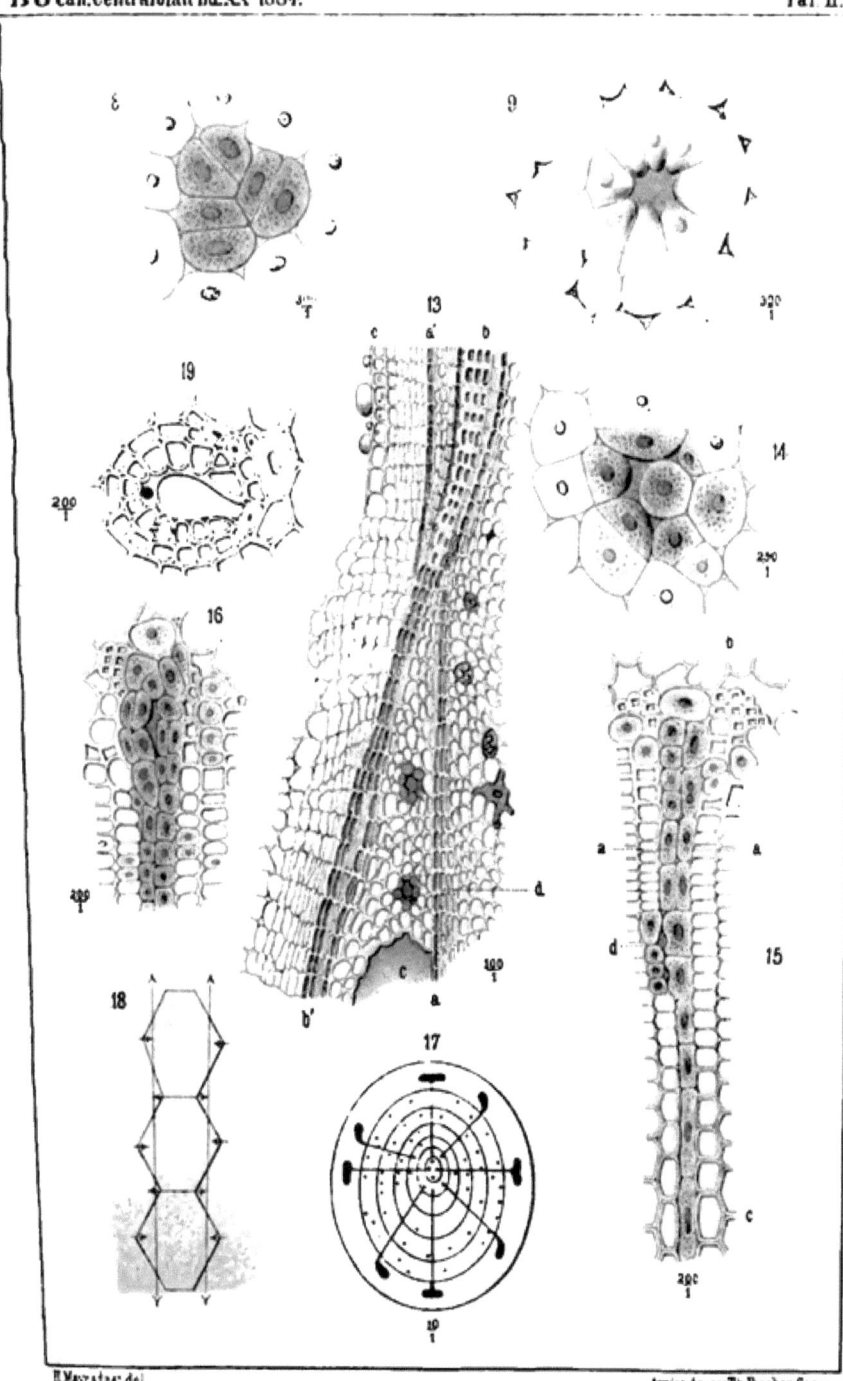

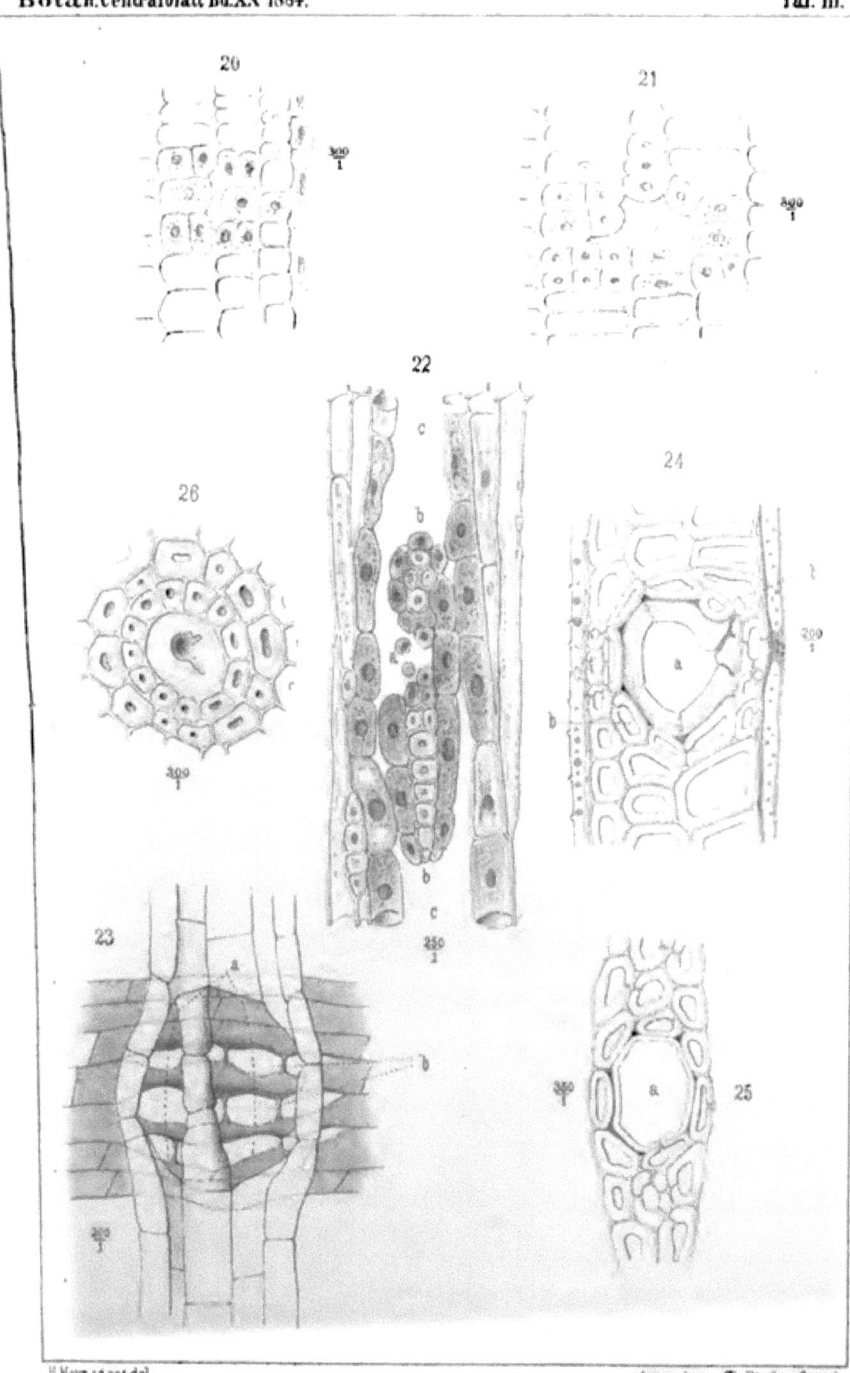